FIRMADOS NO EVANGELHO
A semente do Evangelho floresce em uma terra vazia

Editora Appris Ltda.
1.ª Edição - Copyright© 2025 dos autores
Direitos de Edição Reservados à Editora Appris Ltda.

Nenhuma parte desta obra poderá ser utilizada indevidamente, sem estar de acordo com a Lei nº 9.610/98. Se incorreções forem encontradas, serão de exclusiva responsabilidade de seus organizadores. Foi realizado o Depósito Legal na Fundação Biblioteca Nacional, de acordo com as Leis nos 10.994, de 14/12/2004, e 12.192, de 14/01/2010.

Catalogação na Fonte
Elaborado por: Dayanne Leal Souza
Bibliotecária CRB 9/2162

S237f
2025

Santos, Guilherme
    Firmados no evangelho: a semente do evangelho floresce em uma terra vazia / Guilherme Santos. - 1. ed. - Curitiba: Appris, 2025.
    89 p.; 21 cm.

    ISBN 978-65-250-7732-1

    1. Evangelho. 2. Cristão. 3. Deus. I. Santos, Guilherme. II. Título.

                                                    CDD - 226

Editora e Livraria Appris Ltda.
Av. Manoel Ribas, 2265 - Mercês
Curitiba/PR - CEP: 80810-002
Tel. (41) 3156 - 4731
www.editoraappris.com.br

Printed in Brazil
Impresso no Brasil

Guilherme Santos

FIRMADOS NO EVANGELHO
A semente do Evangelho floresce em uma terra vazia

Curitiba, PR
2025

FICHA TÉCNICA

EDITORIAL	Augusto Coelho
	Sara C. de Andrade Coelho
COMITÊ EDITORIAL	Brasil Delmar Zanatta Junior
	Estevão Misael da Silva
	Gilcione Freitas
	Luis Carlos de Almeida Oliveira
	Viviane Freitas
CURADORIA DE CONTEÚDO E IMPACTO COMERCIAL	Marli C. de Andrade
SUPERVISORA EDITORIAL	Renata C. Lopes
PRODUÇÃO EDITORIAL	Sabrina Costa
REVISÃO	Tartufo Reis
DIAGRAMAÇÃO	Amélia Lopes
CAPA	Eneo Lage
REVISÃO DE PROVA	Alice Ramos

APRESENTAÇÃO

Que a paz do nosso Deus pai e de nosso Senhor Jesus Cristo seja com você leitor(a)!

Este livro contém algumas ministrações que o Espírito de Deus fez na minha vida, seja nos momentos bons, ruins, ou nos momentos em que eu necessitava de uma resposta. Cada ministração dessas tem bases bíblicas, pelo fato de que quando eu precisava da resposta de Deus eu pegava as escrituras para ler. Acredito que a resposta de Deus não somente venha de um profeta que fala conosco na casa dele, mas a resposta de Deus está nas escrituras. Quando precisamos ouvir a mensagem de Cristo para nossas vidas, temos que abrir as escrituras e meditar no que Cristo quer nos dizer, porque as escrituras são as palavras dele.

Ressalto que neste livro escrevi assuntos que me vieram ao coração de escrever, os quais acredito que sejam importantes para cada leitor ou leitora que estiver lendo.

O mais interessante de cada escrita neste livro é que estas palavras foram ministradas nos momentos de fraqueza e cada ministração do Espírito de Deus me fortalecia, me levantava e me colocava em combate contra o mal e principalmente a minha carne.

Acredito que o Evangelho não é um hospital, mas é um quartel de guerra, porque se observarmos no hospital somente tem doentes precisando de ajuda, mas no quartel existem combatentes preparados para a guerra. Guerreiros que se preparam todos os dias se revestindo das suas armaduras e treinando com elas, e da mesma forma é o Evangelho. Estamos em guerra e é uma guerra espiritual, por isso temos que nos revestir das armaduras de Deus e acreditar que o Evangelho não é um hospital, mas sim um quartel onde pode até ter feridos, mas são curados e voltam ao combate.

As ministrações que contém este livro servem como forma de combate, por isso você não somente vai ler, mas você vai praticar o que aprendeu, pois, se você sabe e não pratica, te torna um hipócrita. Perdoe-me ser franco, mas é a verdade.

Aviso logo que eu gosto de voltar a algumas coisas para que você entenda bem o que quero dizer.

O Evangelho que você vai ver aqui não é o meu Evangelho — de maneira alguma —, mas é o Evangelho de Cristo. Ao longo da leitura você pode até discordar do que eu falo, mas na verdade tudo está escrito biblicamente. Aqui não é o que eu penso, mas é o que a Bíblia diz, porque não é nada sobre mim, embora sejam ministrações que foram feitas em mim, mas é tudo sobre Deus, porque essas ministrações foram feitas por Deus.

O Evangelho da cruz é muito mais além do que ficar sentado em uma cadeira de uma igreja. O Evangelho da cruz é grande, lindo, eficaz e vivo e ele dá vida a quem não tem; esse Evangelho é luz e ele dá luz onde somente tem escuridão; é esse o Evangelho que eu aprendi com Cristo, que trouxe o Evangelho.

Impor a mensagem da cruz é o meu dever e foi exatamente para isso que eu nasci, foi exatamente para isso que fui chamado e esse é o meu propósito, e se um dia eu for para a glória do Pai, espero que eu vá com a missão cumprida.

Escrever este livro, para mim, é uma parte da minha missão, porque só Deus sabe aonde este livro vai chegar e quem lerá este livro. Bom, se você está lendo, acredito que Ele vai falar com você através deste livro.

O objetivo deste livro é restaurar a geração do pasto, a geração do coração humilde, a geração do avivamento, e assim eu creio, em nome de Jesus, que cada escrita destas será como lâmpada para os teus pés e luz para os teus caminhos.

SUMÁRIO

INTRODUÇÃO 11

DEUS NÃO ESTÁ MORTO 13

O BEM E O MAL 19

JESUS, O FILHO DE DEUS 25

PRINCÍPIOS E VALORES 29

A IDENTIDADE DE FILHO 35

CONTRA O PECADO 42

A IMPORTÂNCIA DAS ESCRITURAS 50

SE FIRMANDO EM CRISTO 56

DEUS BONDOSO 63

FUNDAMENTOS PARA RELACIONAMENTOS 67

CONSELHOS PARA UM JOVEM 70

CASAMENTO CRISTÃO 78

INTRODUÇÃO

Estar firmado é estar fixado e estar sustentado em algo. Sempre estamos firmes em algo, seja nas leis biológicas e físicas, ou nas leis morais. Cada um de nós está firmado em algo, sejam coisas boas ou más. A pergunta é: onde a sua vida está firmada?

Qualquer atitude que tomamos em nossas vidas — sejam elas boas ou más — terá um resultado no final; assim como um homem que saiu a semear, pois o que ele semeia hoje, certamente colherá. Todavia, se ele semear pé de laranja, certamente colherá laranja. Não tem como alguém semear laranja e colher limão. Então, se você semeia o bem ou o mal, claramente você receberá o que plantou. Se você escolher o bem, você estará se firmando nas coisas boas e colherá coisas boas no final de tudo.

Agora, o que é escolher a Cristo? Jesus Cristo disse que ele é o caminho, a verdade e a vida, ou seja, não há outro caminho justo como o dele, e por ser justo, significa que ali está a verdade. Assim, se encontramos o caminho perfeito cheio da verdade, ali não existe o mal, somente o bem, e ali está a verdadeira vida; porém, quando ninguém vai ao pai, Cristo é a ponte ou o meio que nos leva a ele. Bom, além disso, Jesus é o pão, a luz e a água da vida, ou seja, quem escolhe Cristo não terá fome, nem sede e nem tampouco andará em trevas. Jesus fará dessa pessoa uma fonte que jorrará para a vida eterna. A partir daí, já temos um grande ponto.

Agora que vimos o que é estar firmado às coisas boas e más, e o que é escolher Cristo como firmamento, chegou a hora de tirar as dúvidas e procurar resposta, pois, quando nos firmamos em Cristo, significa que temos certeza de quem seguimos.

Que a partir de hoje você possa escolher firmar sua vida em Cristo, pois é nele que iremos encontrar tudo o que precisamos e é nele que saberemos viver uma vida firmada na verdade.

Neste livro, eu expus o Evangelho que foi ministrado em minha juventude e, assim como muitos cristãos, eu passei por muitas guerras e batalhas espirituais que me acorrentaram, mas a mensagem da cruz me libertou e me mostrou o Evangelho mais puro do que eu pensava ser. Agora que essa chama queimou no meu coração, eu resolvi escrever e compartilhar o que é ser um imitador de Cristo, como eu mesmo decidi ser, e ensinar como ter um verdadeiro firmamento no Evangelho.

DEUS NÃO ESTÁ MORTO

Vamos começar este capítulo fazendo observações do cristianismo em si, com as observações da ciência em si. Por isso, peço que leia com atenção todas as explicações sobre esse fato, para que venha a entender esse tema.

Vamos entrar no primeiro ponto do "nada". Uma certa palavra, de um certo homem, de que não me recordo, disse que "o nada não cria nada, porque o nada é nada, e somado com nada é nada, e multiplicado por nada é nada". Quando lemos essa frase chegamos a uma conclusão de que está correta, que de fato está. O segundo ponto do "nada" é que nada do nada se faz. Como posso eu criar um carro, sem as peças, sem as ferramentas, sem absolutamente nada? Será que um carro se criará ali do nada? Seria esquisito acreditar que o nada criaria o nada. Agora, chegamos à conclusão de que o universo não se criaria ou se formaria do nada.

A maioria dos cientistas concordam que o universo se criou ou se formou através do big bang e, segundo essa teoria, o início do universo aconteceu aproximadamente 13,7 bilhões de anos atrás. Essa teoria é cosmológica e é iniciada por uma grande explosão em que se deu o desenvolvimento do universo. Quando aconteceu a explosão, somente em 3 minutos começou a ser produzida em média 98% da matéria. Tudo começou a existir, como planetas, estrelas, galáxias, a lei da natureza e enfim todo o universo que se expande até os dias de hoje. Entretanto, se nada do nada se faz, quem está por trás do universo? Temos o direito de questionar isso. Como pode uma obra de arte surgir a partir do nada, sem o artista? Depois de um tempo, começaram a surgir muitos questionamentos sobre a existência de um ser por trás de tudo. Um estudioso e físico chamado Edward Friedkin, em seu argumento filosófico, diz: "Acredito que o universo é literalmente um computador e que ele está sendo usado por alguém, ou por alguma coisa, para resolver um problema". Assim como Edward Friedkin, temos direito a questionar que realmente exista ou tenha algo ou alguém por trás do universo. Tudo nos leva a crer que há um Deus, que não está preso a espaço, tempo e matéria — que de fato ele não exista, mas que ele é.

Existem muitas religiões que acreditam em um Deus e outras que acreditam em vários deuses. Entretanto, qual argumentação usar para esse tipo de tema? O cristianismo é a religião que mais tem como provar a existência de todas as coisas e sabemos que isso é um fato. Como também as outras religiões concordam em muitas coisas com o cristianismo; por exemplo, muitas religiões acreditam na existência de um criador, uma vida após a morte, a existência do bem e do mal, e são coisas que o cristianismo também crê. Por isso, nada melhor do que usar o cristianismo para falar sobre toda a criação, pois existe um estudo no cristianismo chamado de teologia — que estuda todas as religiões, que significa "estudo sobre Deus" ou "ciência bíblica", que pode nos levar ao ponto que queremos.

Vamos lá... tudo era um nada absoluto. Se "nada do nada se faz", então nada existia. Era simplesmente tudo uma completa escuridão. Como dizem por aí, houve uma explosão e tudo começou a ser criado. Planetas e estrelas começaram a surgir. E surgiu o espaço, tempo e matéria. Espaço: largura, altura e profundidade. Tempo: passado, presente e futuro. Matéria: prótons, nêutrons e elétrons. Tudo isso passou a existir, e tudo que existe está submetido ao espaço, tempo e matéria, que são três em um. Quando tudo passou a existir, foi estabelecida uma lei chamada "a lei da natureza", que envolve toda regra natural do espaço, tempo e matéria. De forma lógica, vemos que outra lei foi estabelecida, chamada "lei moral", pois, quando existe uma lei — seja lá qual for ela, vem a existência do certo e do errado. Agora, como o Deus do cristianismo pode estar por trás de toda a criação? Segundo a visão do cristianismo, em Gênesis, que significa "o princípio", tudo foi criado por Deus (Yahweh). Cada versículo fala em detalhes toda a criação dos "céus e terra", por isso, permita-me citar a criação de forma resumida, mas simplificada na visão do cristianismo.

No primeiro dia, Deus criou primeiro os céus e depois a terra. Segundo umas análises bíblicas junto com a teoria do big bang, podemos considerar que talvez tenha havido de fato o big bang, mas Deus fez isso acontecer e então tudo foi criado. Depois que tudo foi criado, os anjos glorificavam a Deus por sua esplêndida criação, até que lúcifer se rebelou e foi lançado no abismo. Podemos analisar que lúcifer foi jogado e uma terça parte dos anjos como "estrelas" caindo do céu, e foi assim que a terra ficou sem forma e vazia, matando todos os seres viventes que existiam (como os dinossauros, por exemplo), e então somente havia trevas. E o espírito de Deus estava na criação e começava a dar vida ao mundo. Então foi falada a primeira palavra dita, que provinha de Deus (que podemos pensar pela lógica de todo o alfabeto ser criado naquele momento). O "haja luz" era como se Deus estivesse dando vida à terra, pois tudo era vazio, não existia vida. Não podemos considerar que é o sol, pois ainda não existia o sol. Deus, naquele momento, separou a luz e as trevas e deu nome (dia e noite).

No segundo dia, Deus fez uma expansão nas águas, separando também entre águas e águas. Essa expansão originou o céu e separou a água doce da água salgada.

No terceiro dia, as águas se juntaram e das águas subiu uma porção seca que se chamou terra e esse ajuntamento de águas se chamou mares. Naquele mesmo dia começou a produzir ervas verdes da terra e toda espécie frutífera.

No quarto dia, Deus criou o sol para governar o dia e a lua para governar a noite, e juntos ser responsáveis pelas horas, dias, semanas, meses e anos, assim como as estações do ano.

No quinto dia, se analisarmos, Deus ordenou ao mar para produzir seres vivos dizendo "[...] *produzam as águas répteis de alma vivente*", e assim foi. E disse "[...] *voem as aves*" e espontaneamente começaram a aparecer aves de várias espécies, e Deus abençoou a todos.

No sexto dia, se analisarmos também, Deus ordenou à terra para produzir seres vivos dizendo "[...] *produza a terra alma vivente conforme sua espécie*". E naquele mesmo dia Deus fez o homem e a mulher (Gênesis 1:27), dizendo *"façamos o homem à nossa imagem, conforme à nossa semelhança"*, dando a crer que ele não estava sozinho na criação, mas havia ali Deus, Jesus e o Espírito Santo (Trindade). Deus abençoou os dois e ordenou que eles se frutifiquem, multipliquem e dominem a terra.

A maioria das pessoas acredita que no sexto dia Deus acabou tudo e no sétimo descansou, porém não foi bem assim. No sétimo dia, Deus não somente descansou, mas na verdade foi o dia em que ele acabou os céus, a terra e todo o seu exército (Gênesis 2:2).

Pronto, isso segundo o cristianismo. Agora que citamos a visão religiosa do cristianismo, chegou a hora de responder uma pergunta que se resume em tudo o que falamos até aqui. Se Deus criou tudo que existe, então quem criou Deus? Devo ressaltar que, como já disse, tudo que existe está submetido ao espaço, tempo e matéria, e a palavra "Deus" significa o todo-poderoso. Se Deus, de fato, é Deus, ele não está submetido a nada e a ninguém porque ele é o todo-poderoso, ele não está preso ao espaço, tempo e matéria, porque Deus é espírito. Certa vez, o próprio Jesus disse, no livro de João 8:58: "[...] antes de Abraão eu sou". Se ele dissesse que "antes de Abraão ele existia", ele estaria dizendo estar submetido a alguma coisa, mas, por ele ser Deus, ele é, pois não está submetido a ninguém e a nada, ou seja, ele é eterno. Jesus disse também que virá o fim dos tempos. Quando ele diz isso, ele não está afirmando que será o fim do mundo, e sim o fim do tempo. Quando ele afirma que não haverá mais tempo, significa que ele é eterno e vai trazer a eternidade para o mundo, por isso não tem como criar alguém que é eterno. Deus não pode ser criado, porque ele já é o criador. A Bíblia não diz que Deus existe, e sim que ele é; e não diz que Deus é uma criação, e sim que ele é o criador. Se não acredita ainda, eu volto a pergunta a você de forma diferente. Se o universo te criou, quem criou o universo?

Quando falamos de Deus, devemos ter todo o cuidado possível para não confundir as coisas. Se caso não compreender, sugiro que volte ao início deste capítulo, pois são informações profundas e devem ser bem interpretadas. Quando trato da visão do cristianismo, falo de forma cuidadosa, pois deve ser bem interpretada por vocês leitores.

Agora sabemos que quem está por trás da existência de tudo é um Deus — pois, quando tratamos da visão do big bang, isso nos leva a questionar, como também questionaram pessoas de altos estudos, se tinha alguém por trás de tudo. E nós cristãos acreditamos — como você já viu até aqui — que Deus (Yahweh) seja o criador do universo, das leis e de tudo que existe.

O BEM E O MAL

Agora que chegamos à conclusão de que há um Deus e eu acredito que é o Deus do cristianismo — e que pelo menos é a visão que mais me leva a crer nisso —, muitos podem perguntar: "se Deus existe, por que ele permitiu que o mal existisse?". E eu poderia responder: "por causa do livre-arbítrio", mas creio que você não acreditaria facilmente, então vamos nos aprofundar nesse assunto.

Quando chegamos na parte da existência, devemos falar sobre o bem e o mal. Antes, se decidiu ler este capítulo, sabe bem que aqui estão estudos que foram ministrados dentro do meu coração e são pensamentos sobre os quais eu me questionei e procurei saber. Pode ser que, de algumas coisas que eu disser, alguns possam discordar, mas farei de tudo para deixar tudo bem simplificado.

Se Deus é bom, por que ele permite que o mal exista? Deus não é um ditador, e eu sempre falo para meus amigos próximos que eu acho muito bonito isso em Deus. Embora ele seja o todo-poderoso, está acima de todas as coisas e claramente pode fazer o que quiser, ele não é mau. Sabemos bem que, por ele ser um Deus, ele simplesmente pode destruir tudo que existe, ele pode simplesmente esmagar com a palma da sua mão toda a terra, mas ele não faz. Somos criaturas pequenas, perante um Deus grande.

Entretanto, o homem se exalta perante Deus, mas Deus — mesmo podendo — não destrói o homem, mas deixa que o homem faça suas escolhas. Então, desde o princípio, Deus nos dá o livre-arbítrio, para escolhermos o que quisermos e fazermos o que quisermos. Da mesma forma que a existência do mal, ele passou a existir por causa do livre-arbítrio. Mas não para por aí!

O bem se refere a tudo aquilo que é lícito (tudo que é bom) e que mantém o equilíbrio. O mal se refere a tudo aquilo que é ilícito (tudo que é ruim) e que tem como alvo destruir o equilíbrio. Juntos, são indivíduos que não se combinam, assim como a luz não combina com a escuridão. Onde o bem está, o mal não está; e onde o mal está, o bem não está. Assim como uma casa que está escura e ligamos a luz, tudo se ilumina e a escuridão fica longe da luminosidade.

Então vem a próxima pergunta. Se Deus criou todas as coisas, ele criou o mal? Certo dia um professor desafiou os alunos em sala de aula e disse: "Deus criou tudo que existe?". Os alunos responderam "sim". O professor fez outra pergunta dizendo: "o mal existe?". Os alunos responderam "sim". Então o professor afirmou dizendo: "então Deus criou o mal". Entretanto, um aluno levantou a mão e disse: "professor, o frio e a escuridão existem?". O professor, sorrindo, responde: "claro que existem". O aluno disse que "não", pois o que existe é a ausência de calor e ausência de luz. A escuridão é a sensação provocada pela ausência de luz e o frio pela ausência de calor — ou seja, o mal é a sensação provocada pela ausência de Deus. O bem sempre existiu e tudo que Deus criou é bom. Entretanto, houve o primeiro e "o grande pecado", chamado de orgulho. Lúcifer se exaltou e disse: [...] *eu subirei ao céu, acima das estrelas de Deus exaltarei o meu trono, e no monte da congregação me assentarei, aos lados do norte. Subirei sobre as alturas das nuvens, e serei semelhante ao altíssimo* (Isaías 14:13,14), e depois de toda a criação o homem pecou e permitiu que o mal entrasse no mundo (Gênesis 3:6-7). Foi a partir daí que o mal passou a existir.

Então vem a próxima pergunta. Se Deus sabe de tudo, porque ele criou lúcifer, ou por que ele colocou a árvore do conhecimento do bem e do mal, sabendo ele que o homem iria pecar? Por isso que digo, Deus é bom, pois mesmo sendo Deus, ele não é ditador. Por ser Deus, ele tem poder e autoridade para deixar os seres humanos sem escolha e sem opinião, mas mesmo sendo Deus, ele nos dá o livre-arbítrio. Sim, ele criou lúcifer sabendo que ele iria pecar, como também colocou a árvore do conhecimento sabendo que o ser humano iria cair na tentação. Entretanto, por não ser um Deus ditador, ele nos deu a possibilidade da escolha, porém nos mostrou o melhor caminho. Lúcifer, com o terço dos anjos, escolheu o orgulho; o homem, por sã consciência, escolhe comer do fruto. Sabemos bem que para cada ação tem uma reação e a reação da escolha errada foi o mal. Depois disso podem me perguntar "se o mal é da vontade de Deus", como já me perguntaram, e eu posso afirmar que não. A vontade de Deus é boa, perfeita e agradável. E, sim, Deus poderia acabar com o mal, mas se ele vê que é necessária a existência do mal, então quem somos nós para dizer o contrário?

Pela escolha errada do homem, toda carne se tornou prisioneira do pecado e o mundo foi ocupado pelo inimigo. Lúcifer, um terço dos anjos e os homens se inclinaram ao mal. Creio que não adianta colocar tantas perguntas e fardos de questionamentos em Deus, sendo que na verdade o homem que escolheu o mal. Devemos agora reconhecer o início de nossa história, e deixar de lado o egoísmo de não acreditar que foi culpa nossa.

Agora, vamos aprofundar na Bíblia até chegar na entrada do trono do bem à terra. Então começa o tempo de Gênesis, tudo criado e tudo aconteceu, porém agora o mal está na terra. Acontece então, de Gênesis 1 ao 11, a história primitiva, com a criação, a queda do homem e entrada do mal, as gerações e o aumento do pecado. Gênesis 11 ao 37, a história patriarcal, com a geração de Sem até chegar a Abraão, onde Deus escolhe um povo como seu. Gênesis 37 ao 50, com a história de José, onde o povo de Deus fica no Egito. Agora, com o povo de Deus no Egito, entramos em Êxodo 1, quando esse povo era oprimido pelos egípcios, até que Moisés nasce (2), e anos depois Deus fala com Moisés (3), até que Moisés volta ao Egito (4). Faraó oprime mais o povo de Deus (5), mas Deus enviou dez pragas por intermédio de Moisés, depois são libertados e Moisés vai para o deserto em busca da terra prometida (6 até 18). Em Êxodo 19 ao 24, acontece um pacto do povo com Deus. Em Êxodo 25 ao 40, acontece o tabernáculo. No livro de Josué, Deus levanta guerreiros para entrar na terra prometida. No livro de Juízes, Deus usa homens e mulheres para liderar seu povo. No livro de Samuel, Deus escolhe um menino para ser profeta e outro menino segundo o seu coração para ser rei. No livro de Reis e Crônicas, reis reinam sobre a nação de Israel. Nos livros de Esdras, Neemias e Ester, Deus usa esses homens e essa mulher para erguer seu povo. Então, perante todo esse tempo de reinados, Deus envia em média 17 profetas para alertar os reis e o povo sobre seu pecado, pois o mal estava aumentando no mundo, porém o povo não deu ouvidos. Até que chegamos no Novo Testamento.

Deus enviou o seu filho ao mundo para fazer uma espécie de "sabotagem contra o mal" e libertar os homens. Jesus veio e cumpriu todas as profecias, ensinou o seu povo com palavras eficazes e tomou todo o pecado do mundo, padeceu na cruz e no terceiro dia ressuscitou, e provou a sua ressurreição aos seus e subiu ao céu. Agora vivemos na lei de Cristo, não mais na lei do pecado;

embora o pecado tenha entrado no mundo, como disse Paulo: [...] *onde aumentou o pecado, transbordou a graça* (Romanos 5:20).

Como saberemos o que é o bem e o mal? Se por acaso você tivesse um filho ou uma filha — ou se você não tivesse, vamos fazer de conta que você tem —, se o seu filho ou sua filha (com muita fome) te pedisse um pão e você desse uma pedra, isso seria bom ou ruim? Bom, vemos aqui logicamente que esse seria um ato ruim. A lei moral mexe com sua natureza humana, para indicar que aquilo é ruim, e que você será mau fazendo isso. Entretanto, se você desse um pão, claramente seria um ato bondoso como pai, e a lei moral te indicaria que aquilo que você fez foi um ato bom e que você é uma pessoa do bem.

A lei moral é tudo que permite o bem. De fato, a lei moral toma o partido do bem contra o mal e a lei imoral toma o partido do mal contra o bem, por isso reconhecemos o que é o bem, quando praticamos a moralidade, e sabemos o que é mal, quando praticamos a imoralidade.

Deus odeia o pecado, e o seu ódio é grande e terrível pelo pecado, por isso ele enviou o seu filho ao mundo para ensinar aos homens a lei moral. Quando Jesus chegou aqui, existiam em Jerusalém dois tipos de "leis", a lei romana e a lei judaica, com seus costumes e crenças, e nesse tempo já podemos imaginar a bagunça que era. Entretanto, Jesus entrou com um novo Evangelho, uma nova lei moral e um novo costume. Ele estabeleceu o seu Evangelho, ensinou seus sermões juntamente com suas leis morais e um novo costume do povo de Deus, porém o pecado estava no mundo e o mal dominava os homens, até que Jesus foi preso pelos pecadores, julgado por eles, condenado por eles, açoitado por eles, desprezado por eles, e saiu levando uma cruz pesada que era deles, cuspido por eles, martelaram um prego na sua mão e sofreu o frio e a dor por eles. Naquele momento, tomando sobre si todo o pecado do mundo, todas as abominações, toda a injustiça, toda a imoralidade do homem, Jesus se fez pecado. Deus, ele é a própria santidade, ele é a própria pureza e também a própria justiça; não tinha como Deus ficar perto de Cristo, pois Deus é supremo em santidade e o seu filho, ali, não era um pecador, e sim o próprio pecado em si. Até que Deus, por ser a justiça, ele sacrificou o próprio filho e o matou. Sim, Deus odeia o pecado e matou o seu filho.

Um homem fez uma observação sobre esse acontecimento e eu não posso deixar de citá-lo. Imagine a ira de Deus como um grande meteoro indo em direção para colidir com a Terra; esse meteoro começa a chegar perto para destruir de forma brutal, porém há uma rocha do tamanho do meteoro que está à frente do mesmo, até que, ao invés do meteoro colidir com a Terra, essa rocha defende. Então acontece a explosão. A rocha não aguentou e explodiu, porém não caiu um pedaço de rocha sequer na Terra.

Sim, Jesus não resistiu e disse: "[...] *está consumando*". Com ele o pecado do mundo morreu e (tenho que ressaltar novamente) [...] *onde aumentou o pecado, transbordou a graça*. Entretanto, Jesus não era cem por cento homem, ele também era Deus. Ele prometeu que ressuscitaria. Aqui vai mais uma prova que Deus é... Lembra quando disse que tudo foi criado de 3 em 1, esses são espaço, tempo e matéria, porém eles também são constituídos de 3 em 1, da mesma forma é o próprio criador, ele é pai, filho e espírito santo. Ele deixou sua assinatura na sua criação e seu filho Jesus, por também ser Deus, ele ressuscitou no terceiro dia. Sim, a ressurreição aconteceu, ele vive, ele ressuscitou. Aleluia!

Agora o homem não é mais escravo do mal quando entra em Cristo. O homem que vive segundo as morais de Cristo, ele faz parte do bem e reconhece isso. Jesus sempre será a explicação de reconhecer o bem e isso é um fato.

JESUS, O FILHO DE DEUS

No capítulo 1 vimos a análise do princípio. No capítulo 2 vimos sobre o bem e o mal. Agora vamos falar sobre aquele que toma o partido do bem contra o mal; aquele que tomou todo o pecado do mundo e rompeu o véu do templo.

Qual a diferença entre criar e gerar? Gerar é tirar algo que está dentro do indivíduo. Criar é fazer algo que vem da mente consciente do indivíduo. Sendo assim, aquilo que o ser humano gera é um ser humano e o que o ser humano cria é semelhante a algo dentro dele, mas não é ser humano. Semelhantemente eu criar uma imagem minha que veio diretamente da minha consciência; embora eu possa criá-lo, isso não o torna uma imagem humana. Entretanto, se eu tivesse uma esposa, me relacionasse com ela e tivéssemos um bebê, ele seria humano, pois foi gerado de mim e da minha companheira (biologicamente). Isso é óbvio. Da mesma forma, tudo que Deus gera é Deus — pois sai dele — e o que ele cria é semelhante a ele, mas não é Deus — pois veio de sua consciência.

Deus criou tudo que existe e sabemos que tudo que existe não é Deus — por isso só existe um Deus. Entretanto, Deus gerou Cristo e isso o torna filho de Deus; gerou o espírito que o torna também divino, pois tudo que Deus gera é Deus.

Vocês podem me perguntar: "Guilherme, mas se existe um só Deus, por que Jesus e o Espírito Santo são Deus?". Eu vou responder de forma clichê, mas que se você prestar atenção, dará para entender. Se eu desenhar uma linha inclinada para a direita, outra linha para a esquerda e outra de forma reta, o resultado do desenho se torna um asterisco. Embora tenham sido três linhas que desenhei, essas linhas formaram um símbolo só — no caso se formou um asterisco (*), e sabemos que por essas linhas fazerem um asterisco, embora sejam três linhas, nada vai mudar o fato de ser um asterisco. Podemos usar um exemplo de um quadrado que, embora seja formado por três dimensões (cima e baixo, esquerda e direita, frente e retaguarda), essas três dimensões formam um só quadrado.

Deus é o Yahweh, Yeshua e o espírito. O espírito — que agora está em nós — está no filho, o filho está no pai e juntos com o pai se tornam um (Trindade). Por ele ser um, nos possibilita chegar a ele. O pai (Yahweh) é para quem oramos, o filho (Yeshua) é a ponte ou o caminho para quem oramos e o espírito é o que nos ajuda a orar ao pai. E antes que perguntem, Deus ouve todas as orações que vêm da alma, e, sim, dá para ele ouvir as bilhões de orações. Deus não está preso ao tempo — até porque ele mesmo criou o tempo. Deus tem a eternidade para ouvir todas as orações — até porque ele não está preso a limites. Para mim, ficou compreensível, mas o foco é a sua compreensão. Entretanto, ao longo dos capítulos, você entenderá tudo.

João 1:1-14 diz: *no princípio era a palavra* (Gênesis 1:3), *e a palavra estava com Deus* (ou seja, é algo distinto), *e a palavra era Deus* (ou seja, é divino). *Ele estava no princípio com Deus e todas as coisas foram feitas por ele, e sem ele nada do que foi feito se fez*; isso significa que algo/luz estava com Deus e fez tudo com ele. *Nele estava a vida, e a vida era a luz dos homens,* ou seja, o "haja luz" era Cristo, que deu vida ao mundo. *E a luz resplandece nas trevas e ela não a compreende* (João 1:5), pois, onde há luz, a escuridão desaparece e não consegue evitá-lo, e onde há vida, não existe morte. Deus enviou um homem chamado João (6), para justamente falar sobre a luz (7), mas ele não era a luz (8). Isso prova que Cristo é a luz. Jesus é a luz verdadeira e que dá luz ao homem (9), porém, quando ele veio ao mundo, a sua obra não conheceu o próprio artista (10-11). Semelhante a um leitor que leu uma citação e guardou em seu coração, mas nem tampouco sabe quem o citou. Sabemos que todos são criaturas de Deus, mas poucos são os filhos de Deus (12); esses filhos são os nascidos de Deus que vieram de sua vontade (13). *O verbo se fez carne e habitou entre nós* (João 1:14). Jesus fez semelhante ao seu pai (Deus), quando no Antigo Testamento habitou entre seu povo. A palavra "habitou" no grego é "skēnoō", que é "tenda", ou seja, "ele armou a sua tenda no meio de nós" com glória do unigênito, graça e verdade (14).

Cristo tomou todo o pecado do mundo e suportou todo o sofrimento doloroso. Se não fosse por ele não chegaríamos ao pai, pois ele mesmo rasgou o véu de cima a baixo que separava Deus e os homens. Agora o pai (Deus) é para quem oramos, o filho (Jesus) é a ponte ou o caminho para quem oramos e o Espírito Santo (conselheiro) é o abastecimento que nos faz buscar o pai. Para finalizar, Jesus certa vez disse: "[...] *compreenderão que estou em meu pai, vocês em mim, e eu em vocês*" (João 14:20). Por isso não posso deixar de ressaltar que o amor surge a partir de duas ou mais pessoas. Deus é amor e ama seu filho (Jesus). Da comunhão entre pai e filho, surge um espírito, que age por meio de nós. Vivendo em espírito, vivemos no filho, e o filho está no pai.

Jesus viveu sua infância, adolescência e sua vida adulta. Ele vivenciou de fato sua vida humana e passou por tentações e provações. Ensinou, curou e expulsou demônios. Até que chegou o dia da sua crucificação; ele morreu, ressuscitou e subiu aos céus. Entretanto, não para por aí; agora se abre então o livro Atos dos Apóstolos. Sobre a igreja chegou o dia de Pentecostes, que mudou a história da igreja. Os apóstolos começaram a ensinar em toda a nação de Israel, porém Deus usa o apóstolo Paulo para pregar aos gentios e começa a pregação, outros homens começaram a ser levantados no meio do Evangelho para serem pregadores da mensagem da cruz e o Evangelho começou a passar pelos quatro cantos da terra. Entretanto, perseguições começaram a acontecer, o que causou a morte de muitos irmãos na fé, porém, quantos mais perseguiam a igreja, mais ela crescia. Até que as descobertas de novas terras começaram a surgir, e a igreja estava lá. Almas começaram a ser alcançadas pela força do Evangelho, mais igrejas começaram a ser abertas, mais pregadores surgiram no mundo, desde o dia de Pentecostes grandes avivamentos começaram a acontecer, até que chegou à igreja moderna e o cristianismo se tornou uma das maiores religiões do mundo, somente em dois mil anos.

Agora aguardamos as promessas dos últimos avivamentos. Agora, estamos nos últimos tempos da igreja na terra. Chegou a hora da igreja se levantar e orar, buscar o conhecimento bíblico, jejuar e começar a adorar ao Senhor com o louvor que vem da alma. O lugar de honra para um cristão não é assentado em tronos de cargos, mas sim prostrado aos pés de Jesus.

Através da morte na cruz, toda a humanidade recebe a oportunidade de largar o mal e viver no bem. O trono do bem um dia desceu na terra e deixou o seu legado do bem. Hoje esse legado do bem é chamado de igreja. E como posso viver como igreja? Trataremos agora no próximo capítulo.

PRINCÍPIOS E VALORES

Os princípios e os valores de um cristão são uma virtude e são como uma joia preciosa que deve ser guardada e são o que o mantém como justo.

Praticar os seus princípios e valores é o que é de fato ser cristão. O cristão que não pratica seus princípios e valores se torna um covarde e não deve ser chamado de cristão, porque essas virtudes devem ser praticadas dentro de si e em todo lugar, seja na escola, na universidade, no trabalho e até no seu meio particular.

Praticar essas virtudes é se posicionar, e um cristão que não se posiciona é um covarde, pois no exército de Cristo não há lugar para covardes.

Quando falamos de valores, nos referimos a algo que é precioso, que se deve guardar e, quando falamos de princípios, nos dá a ideia de início, é a primeira coisa que você tem que fazer acima de qualquer coisa.

Há muitas pessoas que fazem parte do Evangelho, mas na verdade nem conhecem o Evangelho; sabe que deve ser um cristão correto, mas na verdade nem sabe o que de fato se deve fazer, por isso vamos dar uma analisada nos nossos valores e princípios, nessas duas virtudes de um cristão.

1. O primeiro valor é a justiça, com ela podemos enxergar o que é bom e o que não é, para saber se aquilo é para nós ou não, saber decidir que tipos de relações Deus quer para nós e principalmente andar no caminho correto e ser justo.
2. O segundo valor é a obediência e esse valor é essencial para um cristão, pois sabemos que somos pecadores e por isso carregamos a desobediência que veio de Adão e Eva, porém temos que negar quem somos e ser uma nova criatura e obedecer ao Senhor, aos nossos pais e ao nosso próximo, porque se não obedecemos aos nossos pais que vemos, que dirá a Deus que não vemos. Olhamos para Noé quando Deus o mandou construir a arca e detalhou para Noé como seria a arca, ele não duvidou em seu coração e não desobedeceu, ele seguiu em frente e construiu a arca e como recompensa foi salvo do dilúvio e recebeu a terra pela sua obediência.
3. O terceiro valor é a gratidão, que não é menos importante para a caminhada com Cristo, porque ela mostra o seu coração, o quanto você é grato pela perfeita e boa vontade de Deus, pois tudo o que Deus faz é bom e ele mostra seu cuidado através de seus feitos, por isso temos que ser gratos, inclusive no respirar, porque ele assim permite. Olhamos para os dez leprosos, Jesus curou os dez, mas somente um voltou para agradecer e foi esse um que agradou o coração de Jesus Cristo.
4. O quarto valor é a humildade, que (particularmente) digo que é o principal, pois ser humilde é ser uma pessoa modesta, simples, que se expressa com suas boas ações e é diferente dos iguais; Jesus mostrou o que é ser

humilde, que mesmo sendo Deus sempre priorizou os humanos nos seus atos, e como cristãos temos que ser os seus imitadores. Jesus disse que temos que aprender dele que é manso e humilde de coração, e uma das coisas que fez Davi ser o homem segundo o coração de Deus foi a sua humildade.

1. O primeiro princípio é a verdade, Jesus mesmo disse que ele é a verdade, com a verdade somos justos e não vivemos em mentiras e falsidades, com a verdade nossas atitudes/feitos são retas perante o justo juiz, pois vivemos na verdade. Como cristãos temos que abandonar a mentira, pois todos são criaturas de Deus, mas nem todos são filhos de Deus, e o diabo é o pai da mentira, quem anda na mentira é filho de satanás, já quem anda na verdade são os chamados filhos de Deus.

2. O segundo princípio é a honestidade e a lealdade, através desses dois tipos de princípios, podemos ver o caráter do ser humano, pois uma pessoa honesta é honrada, pura, correta, digna, e uma pessoa leal é respeitosa, fiel, incorrupta, íntegra; assim vemos um caráter pessoal essencial perante Deus. Andar com a lealdade é essencial, porque não devemos negar o nome de Cristo; e ser leal a Cristo é confessar quem somos e sem medo; já quem não tem honestidade são chamados filhos de satanás.

3. O terceiro princípio é a serventia, porém, poucos fazem. Vemos o próprio Jesus servindo, dando aos povos alimentos, curas, salvação e sua vida por amor a todos nós, até mesmo lavou os pés de seus discípulos, isso sempre me comove. Como somos imitadores, temos que fazer

o mesmo, entretanto fazer de coração, não para agradar aos homens, mas para agradar a Deus. Olhamos para o próprio Jesus, ele lavou os pés dos seus discípulos. Como um Deus, chega até a ser maravilhoso ver essa serventia que Cristo tinha. E ele mandou fazermos o mesmo, por isso temos a serventia como um princípio em nossas vidas.

As nossas virtudes cristãs são baseadas na palavra do Senhor, desse modo, se a palavra de Cristo está de acordo, estamos também, porém se ela não estiver de acordo, nós também não estaremos. Quando a palavra de Deus nos manda ficar ao lado da liberdade e ser a favor da vida, nós como seguidores das palavras de Cristo iremos ficar de acordo com que o nosso Senhor quer que fiquemos. Quando a palavra de Cristo nos manda fugir do comunismo e das ideologias malignas, assim faremos de acordo com o que o nosso Senhor quer.

Hoje vivemos em uma sociedade que tem suas ideologias, cada um com suas opiniões divididas, e a cada dia vemos o cristianismo se apertando nessa sociedade. Bandeiras são levantadas contra o cristianismo e querendo derrubar os nossos valores e princípios, os quais o nosso Senhor Jesus Cristo e nosso Deus pai estabeleceu para nossas vidas. A sociedade, atualmente, quer calar a nossa voz, e a cada dia que passa fica mais difícil para nós, pois não existe mais respeito nessa sociedade, isso é um fato, porém nós não podemos nos deixar abalar com as atitudes da política do mundo e da política dessas bandeiras, pois cremos que o nosso Senhor Jesus Cristo irá voltar e sabemos muito bem que ele um dia governará este mundo e será um reino de paz. O que temos que entender é que não há espaço para nós em um lugar que não é nosso; nem sequer somos daqui, somos estranhos para a sociedade porque fazemos parte do céu. Entretanto, igreja, não podemos parar. Acredito que a igreja tem que estar em todo lugar e onde a igreja pisar a igreja tem que semear, pois o que nós semeamos não é a mentira, mas sim a verdade; quando ela floresce e dá seus frutos, são frutos de justiça; onde a igreja estiver, também deve colocar acima de tudo as suas virtudes nesses lugares.

Embora eles tentem nos calar, se a igreja se posicionar e ficar firme, sem dúvidas, nunca será abalada, pois as portas do inferno não prevalecerão contra a igreja de Jesus Cristo. Aleluia!

Sabemos muito bem que as pessoas que carregam esses princípios e esses valores cristãos são chamadas de "extrema direita", a qual — essa tal "extrema direita" — é considerada como "conservadorismo"; então digamos que nós que carregamos esses princípios e valores devemos nos comportar como de direita conservadora. A direita conservadora é um lado na política que defende os princípios e os valores cristãos, e se trata de uma organização liberal e atualmente combatida pela esquerda em toda a América. Digo a vocês que, não no momento em que eu vos escrevo, mas um tempo antes, houve muitos debates e discussões de quem sentaria no trono da política brasileira. Pode se dizer que "a esquerda venceu", porém aqueles que carregam as virtudes do cristianismo, que se consideram como direita conservadora, não podem se deixar calar, mas devem praticar as virtudes cristãs, seja nas escolas, nas universidades, nas ruas, porque praticando nossas virtudes cristãs que eles chamam de "direita conservadora" estamos, querendo ou não, praticando o Evangelho de Cristo. Para se praticar as virtudes cristãs, nunca foi a tal direita, mas sempre foram os princípios e valores do cristianismo.

Quando tratamos de princípios e valores, também chegamos à questão do aprender a dizer não. Eu e meu amigo escrevemos um texto sobre esse assunto que dizia. O criador te deu a liberdade de escolha, e quando falamos sobre escolha, falamos do sim e do não. Deus te deu vida, cabe a você decidir que caminho você vai trilhar, não existe outra resposta além da definição. Por isso, cada sim ou não terá um resultado, de acordo com sua governança.

Como cristãos, devemos analisar cada oportunidade de escolha que aparece na vida, para que as escolhas erradas não resultem na maior tolice. Um cristão tem suas virtudes como base, por isso aprenda a dizer não quando for necessário dizer. Ser bonzinho nunca foi ruim, porém há momentos em que devemos dizer não; e, acredite, o não, não fará de você uma pessoa ruim. Deus disse não para Adão, Moisés, Davi e os outros reis, Jó e ao próprio Jesus, entre outros. O não é questão de domínio próprio e governança sincera. O versículo bíblico que irei usar como referência é Lucas 9:23: "[...] *se alguém quiser acompanhar-me, negue-se a si mesmo, tome diariamente a sua cruz e siga-me"*. Vejamos que Jesus fala que aquele que quiser seguir a ele deverá negar-se a si mesmo, ou seja, aprender a dizer não para as próprias vontades, pois o servo de Cristo vive segundo a vontade de Deus. É fácil? Não! *"Tome diariamente a sua cruz e siga-me"* (Lucas 9:23), cruz nos sugere algo que dói, que fere e até mata, significa então que devemos dizer não para nossas próprias vontades todos os dias para que a vontade de Deus seja feita. Mas apesar de tudo isso Jesus fala "siga-me", mostrando que é possível termos vitória diante dessa dificuldade. Aprender a dizer não é algo que colocamos à prova diariamente, já que por sermos jovens somos bombardeados de oportunidades que vão contra a vontade de Deus. Por exemplo: ficar com alguém. A Bíblia nos ensina a amar as pessoas, não brincar com elas. Ficar é usar alguém como objeto e ser irresponsável, já que qualquer relacionamento precisa de responsabilidade. Rancor, imoralidade e dentro. Então, ao dizermos não a essas atitudes ruins, estamos deixando as nossas vontades de lado e obedecendo à vontade de Deus.

A IDENTIDADE DE FILHO

Sabemos da história do filho pródigo que saiu da casa do pai e depois voltou, porém ele tinha um irmão que sempre ficou na casa do pai e é esse filho que ficou que vamos focar.

O texto diz que o filho mais velho, quando soube que seu irmão tinha voltado e que o pai fez uma festa para comemorar a volta do filho, encheu-se de ira e não quis entrar. Então seu pai saiu e insistiu com ele. Mas ele respondeu ao seu pai: [...] *olha! Todos esses anos tenho trabalhado como um escravo ao teu serviço e nunca desobedeci às tuas ordens, mas tu nunca me deste nem um cabrito para eu festejar com os meus amigos, mas quando volta para casa esse teu filho, que esbanjou os teus bens com as prostitutas, matas o novilho gordo para ele!.* O seu pai, com muita calma, disse: [...] *meu filho, você está sempre comigo, e tudo o que tenho é seu.*

O filho mais velho que nunca saiu da casa do pai estava com espírito de servo e esquecendo da sua verdadeira identidade.

Sabem, amados, nunca prostituam a sua identidade para fazer parte de um grupo; nunca prostituam sua identidade só para agradar aos outros, mas sejam quem vocês realmente são. Você não é o que os seus inimigos falam; você não é o que a sua escola ou sua universidade diz que você é, mas você é o que Cristo diz, por isso não dê ouvidos para o que eles pensam ou falam de você, antes pergunte o que Cristo pensa ao seu respeito, pois ele te deu uma identidade e a sua identidade é de filho.

Por volta dos meus 13 anos, quando entrei para um colégio do segundo fundamental, eu acabei prostituindo a minha identidade de filho e rasgando o contrato de cristão. Eu me deixei levar pela amizade, pela popularidade na escola, era menos provável não ter mensagem no celular, era menos provável eu ficar solitário na escola, sempre tinha grupos perto de mim, sempre tinha mensagens; quando eu faltava alguma aula, ficavam todos querendo saber de minha pessoa e foi naquele ano que eu conheci o amor da adolescência e foi também naquele ano que lançou um certo tipo de música chamado "brega funk". Eu me deixei levar pelas amizades e pela música, e quando pessoas vinham me orientar, eu dizia que eu não era cristão e naquele momento eu negava Jesus e rasgava a minha identidade. Dançava essas músicas e falava palavras não lícitas, porém eu aprendi que se Deus vir que o que ele te deu te afasta dele, ele vai tirar, pois ele não quer que nada atrapalhe o seu relacionamento com ele. Foi exatamente nesse momento em que eu estava me afastando completamente de Deus que ele me tirou daquele lugar, tirou as amizades que me afastavam dele, me orientou e me fez enxergar a minha identidade, a identidade que é de filho, e não mais de escravo do pecado.

Adultos, tomem esse conselho, porém principalmente esse conselho vai para os jovens. Satanás ele vai investir o quanto for possível para tirar você da presença de Deus, ele vai colocar na sua cabeça músicas, amizades, amores ou alguma coisa para te tirar da presença do criador, entretanto você tem que se revestir das armaduras de Deus, orar e vigiar, porque dessa forma estarão firmes as suas raízes e quando o vento soprar você não cairá.

Há um tempo atrás eu estava conversando com uma moça e ela começou a falar que se sentia esquecida na vista de todos e que isso acabou causando muita tristeza, pois não era somente na roda de amigos, e sim na família dela; isso acabou mexendo muito comigo e me fez refletir muito naquele momento.

Meus irmãos em Cristo, muitas vezes tentamos entrar em grupos, deixando de lado quem somos para poder fazer parte daquele grupo e largando a nossa essência, ou melhor, a nossa identidade; tentamos deixar de ser quem somos para ter a atenção da sociedade, para não viver em "solidão".

Primeiramente, não podemos negar quem somos, negar nossa identidade para se encaixar em um grupo, pois se esse grupo não tem suas metas, seus objetivos e nem sua personalidade, esqueça, esse grupo não é para você.

Segundamente, não se importe com popularidades, fama, aplausos e elogios, porque de nada adianta ter tudo isso, ser visto pelo mundo e não ser visto por Deus, que é o mais importante.

Terceiramente, José não teve atenção de seus irmãos, mas teve atenção de Deus, Davi não teve atenção da sua família, mas teve atenção de Deus, no final de tudo Davi se tornou rei e José governador, porque é muito melhor ser esquecido pelo mundo do que ser esquecido por Deus.

Bom, para manter nossa identidade, temos que conservar o que temos e quando Jesus voltar temos que estar prontos, pois a cada dia que passa temos mais certeza de que a volta do nosso Senhor Jesus está próxima, porém, embora Cristo venha buscar a sua igreja, nem todos vão ser salvos.

Certo dia Jesus disse: "[...] *pois muitos são chamados, mas poucos são escolhidos*". Lendo isso, teremos uma simples resposta de que o Evangelho será de fato pregado em todas as nações e chegará a toda criatura, e certamente essas pessoas que conhecerão a verdade ou conheceram a verdade, farão ou fazem parte desse plano de levar o Evangelho, mas como diz a palavra de Cristo: embora sejam muitos chamados, poucos deles são os escolhidos.

Afinal quem são esses? São aqueles que guardaram o que tinham e não deixaram que ninguém tomasse a sua coroa, esses são aqueles que de fato guardaram seu coração, sua mente, sua alma, sua prioridade, sua fé, sua esperança, os mandamentos de Deus e as palavras de Cristo. Receberão como recompensa a coroa da vida, incorruptível, regozijo, justiça e glória.

Aproveitando que estamos falando de identidade de filho e de coroas, permita-me falar sobre uma obra de arte do escritor C. S. Lewis, que me fez ter umas interpretações sobre as identidades de quatro reis e que me fez refletir muito sobre esse assunto.

Quando estava lendo o livro de C. S. Lewis, Deus me ensinou o que devo mudar e me mostrou através de quatro reis virtudes que devo praticar na caminhada cristã e qual é a verdadeira identidade de um cavaleiro do reino de Cristo.

Edmundo, o justo; quando estava lendo o livro, eu percebi que "somos um pouco como Edmundo; estávamos perdidos, até o grande leão nos achar"; sem saber os planos extraordinários de Deus para conosco. Estávamos perdidos, sem rumo, sem destinos, sem saber de onde viemos e para onde vamos, perdidos em nossa própria mente, nas nossas próprias escolhas, mas Deus nos achou e mostrou o caminho, ensinou o que devemos fazer, mostrou qual é o nosso destino e como nós iríamos chegar nele, também abriu nossa mente e nos fez enxergar a verdade, dando-nos sabedoria para fazermos as escolhas certas, e mostrou o grande plano extraordinário para nós, e fez de nós um excelente cavaleiro do Evangelho.

Pedro, o magnífico; quando estava lendo o livro, eu percebi que o personagem é muito corajoso, não se curvou perante o medo e não temeu perante seus inimigos, e em nenhum momento ele questionou sobre ser um cavaleiro e de Nárnia, quem sabe nunca passou por seus pensamentos dizer que não era capaz de ocupar uma alta posição onde o leão o colocou. Assim como Pedro, temos que manter essa confiança, temos que manter a fé e acreditar que, se Deus nos colocou naquele lugar, é porque ele sabe do que somos capazes. Sabem, queridos, Deus nos conhece mais do que nós mesmos nos conhecemos, e ele sabe o teu limite, ele sabe até onde você pode chegar, e se ele te escolheu, não questione, somente prossiga a missão que a ti foi confiada. Como diz a própria palavra de Deus, para ser forte e corajoso, para não temer e nem tampouco desanimar, porque o grande leão está contigo te guiando a todo momento.

Susana, a gentil; quando estava lendo o livro, eu percebi que a personagem é talentosa, inteligente, corajosa e de bela aparência tanto por fora quanto por dentro. Assim como Pedro, ela queria proteger sua família, até que seu rumo também foi proteger Nárnia. O leão mostrou para ela que seu talento, inteligência e coragem eram suficientes para lutar por Nárnia e essas suas três qualidades mostravam o quanto era capaz de se tornar a rainha gentil. Somos criação de Deus, e ele colocou qualidades que serão como sustento para nosso destino que ele mesmo preparou. Seja você um instrumento nas mãos de Deus; use isso para lutar pelo Evangelho de Cristo, sendo um rei ou uma rainha gentil, usando de sua gentileza para dar vida a quem não tem, levando a mensagem do Evangelho.

Lúcia, a destemida; quando estava lendo o livro, eu percebi que a personagem é simplesmente diferente; não teme seus inimigos, é corajosa e valente. Entre os Pevensie (que é o nome da família), ela era a única que tinha mais intimidade com Aslam e foi responsável por encontrar Nárnia. Acho bonito de ver, embora o mundo não olhe para os pequenos, Deus os vê. Embora o mundo não enxergue os que "não são nada" na sociedade, Deus os enxerga e os usa de forma tão grande que confunde quem olha. Sabe por quê? É porque *Deus escolheu as coisas loucas deste mundo para confundir as sábias; e Deus escolheu as coisas fracas deste mundo para confundir as fortes; e Deus escolheu as coisas vis deste mundo, e as desprezíveis, e as que não são, para aniquilar as que são* (1 Coríntios 1:27-29). Sempre esses são diferentes dos iguais, aqueles que se humilham perante o pai, que não se acham melhores que ninguém, sempre dizem que são pequenos; são esses que têm mais intimidade com o criador, e são esses que entrarão no paraíso e tomarão da ceia junto com o pai.

Isso foi o que Cristo me fez compreender sobre os quatro reis de Nárnia, que me fizeram guardar e valorizar a minha identidade.

Depois de longas conversas entre mim e você leitor, quero ressaltar que não abandone, não largue, não prostitua a sua identidade, mas firme a sua identidade em Cristo.

A palavra do Senhor diz que [...] *o coração do homem pode fazer planos, mas a resposta certa dos lábios vem do Senhor.* O plano de prosperar não é somente no exterior (à nossa volta), mas no interior (em nós) — é uma mudança no coração e na mente. O plano de esperança é a certeza de que a graça do Senhor estará na nossa vida até que ele venha — ela se manterá em cada área das nossas vidas. Dessa forma o seu futuro (escrito pelo Senhor) será perfeito.

Viver os planos de Deus é viver uma vida extraordinária e surpreendente — extraordinária porque são planos maiores que o nosso, e surpreendente porque alcançamos lugares inimagináveis.

Nossos planos futuros podem ser frustrados, mas os planos de Deus jamais se frustrarão. Os homens podem projetar o amanhã, mas não podem acrescentar um amanhã. Homens fazem planos, Deus faz destinos.

Quando firmei minha identidade nele, os planos dele começaram a fluir na minha vida.

CONTRA O PECADO

Para começar esse tema que tanto foi ministrado no meu coração, eu estava conversando com meu irmão e ele me falou sobre um comentário do seu professor de enfermagem, ele disse: não é porque uma pessoa fumou um cigarro, que significa que ele pode morrer, na realidade é a quantidade e a constância do seu fumo, da mesma forma alguém que tomar uma pílula de remédio, só vai fazer mal caso a pessoa tome mais do que o recomendado.

Eu uso esse exemplo para citar que não é porque você cometeu um pecado que já está condenado ao inferno, na realidade é quantas vezes você vai cometê-lo. O que pode matá-lo(a) é a constância do pecado.

Fugir do pecado é essencial para a vida de um cristão, pois se queremos entrar pelos portões celestiais é necessário santidade.

O que adianta dizer que ama a Deus e não fugir do pecado? Vamos começar este texto com uma simples pergunta... Você acredita na cruz? Acreditar é aceitar, estar ou ficar convencido da veracidade, existência ou ocorrência, crer, que é tomar por verdadeiro; sendo assim, acreditar/crer na cruz é aceitar com fé a mensagem que ele, do alto da cruz, dirige a todos os homens, e ele nos deixou uma lei, uma mensagem de vida, como cristãos temos que obedecer.

O que é ser cristão? Ser cristão é estar em um caminho só, que é o caminho da santidade sendo um imitador de Cristo e fugir do pecado. Sabemos bem que não podemos ser perfeitos, porém, podemos ser justos. Ser perfeito é não ter defeitos, ser justo é ser puro diante do criador; sendo assim, podemos nos esforçar ao máximo para sermos justos e sermos semelhantes a Cristo em nossas atitudes, porque quem consiste em viver pecando, está contra Deus e quem consiste em ser justo, declara guerra ao pecado.

Veja, no capítulo 3 do Apocalipse, que Deus não estava gostando das más obras da Igreja de Sardes, a qual tem nome de vida, mas na verdade está morta. Ao longo do texto, há uma esperança, porque ainda existem "sobreviventes", que não deixaram contaminar suas vestes, e ainda estão brancas.

Em um templo, vemos variados tipos de personalidades, incluindo nesse espaço geográfico "lobos e ovelhas". Os lobos não mostram quem são, na verdade estão disfarçados no meio do rebanho, porém, existem também as ovelhas, e no meio desse rebanho, existimos eu e você. Será que uma ovelha pode ser um lobo ou um lobo ser uma ovelha? Claro que não. Jesus Cristo fez uma observação sobre o joio e o trigo. Embora o joio seja semelhante ao trigo, não há igualdade do joio para com o trigo. Nessa seara grande, lá estão os dois. Entretanto, chegará o dia em que a colheita começará e será separado entre o joio e o trigo.

O lobo e o joio são pessoas que dizem que são cristãos, mas na verdade vivem no pecado e não procuram fazer a vontade de Deus. A ovelha e o trigo são os verdadeiros cristãos que decidiram viver em santidade e negar a sua vontade carnal.

É agora que entro no assunto. Nós temos que procurar ser diferentes dos iguais e essa procura está na palavra de Cristo, é lá que devemos analisar quais mudanças serão necessárias. Isso, mudança. Certo dia eu vi uma frase que dizia: "[...] se as estações do ano mudam, qual é o sentido de continuar o mesmo?". Amigos, quando falamos em mudança, falamos em um sentido de melhora que lhe possibilita ser semelhante a Cristo, e sendo um imitador de Cristo, nos tornamos justos.

Se não existe um justo naquele lugar, seja você o justo, se não existem pessoas boas naquele lugar, seja você o bom, pois somos cristãos, somos imitadores de Cristo, e é isso que nos faz diferentes.

Vamos sempre seguir dessa maneira até nossa morte, pois sabemos que a nossa recompensa vem de Cristo, como ele mesmo disse: "[...] *ao que vencer será vestido de vestes brancas, e de maneira nenhuma riscarei o seu nome do livro da vida; e confessarei o seu nome diante de meu pai e diante dos seus anjos*".

Acredito que, antes de lutar contra o pecado, temos que realmente reconhecer qual é a nossa origem. Somos filhos de Adão, somos pó e as próprias escrituras dizem que *do pó viemos e ao pó voltaremos* (Gênesis 3:19). Quando nós reconhecemos quem somos — que somos uma natureza pecaminosa —, acredito que a partir daí nós poderemos lutar. Cristo pagou um alto preço na cruz, isso é um fato, entretanto, para nos ajudar ele deixou o Espírito Santo, no qual agora podemos lutar contra o pecado.

Sabemos que existe não somente a guerra contra satanás, mas também temos a guerra contra o nosso eu, que podemos chamar de "carne", porém agora existe o espírito dentro de nós, então agora existe essa guerra que parece ser infinita entre a carne e o espírito. Todavia, desde o princípio a vida foi feita de escolhas, então cabe a mim e a você escolher quem vencerá essa guerra.

A carne se alimenta de qualquer desejo humano, já o espírito se alimenta dos desejos espirituais. Vamos supor que sua carne deseja mexer no celular duas horas de relógio, já o seu espírito ele deseja que você passe duas horas lendo a Bíblia; a partir daí claramente nós já vamos saber qual é o certo a se fazer, entretanto, cabe a você escolher se vai passar duas horas no celular ou duas horas lendo a Bíblia e em qualquer uma dessas escolhas (obviamente) você vai estar alimentando algum dos dois.

Não podemos esquecer que há certos pecados que estão sendo normalizados; como, por exemplo, a "fofoca", seja ela no escutar ou no falar. Mateus 15:11 diz que o que contamina o homem não é o que ele come, mas sim o que sai da sua boca. Isso é claro, pois a boca fala aquilo de que está cheio o coração. Jesus nos ensina que devemos ter cuidado com o que sai da nossa boca, pois as palavras que saem não voltam mais.

Permita-me contar uma parábola de um filósofo, que dizia sobre um homem que foi até ele e disse que tinha algo para contar; o filósofo, porém, perguntou se tinha verdades, bondades e utilidades para ele antes de contar; o homem por sua vez disse que não tinha verdades, bondades e nem utilidades, pois ele somente soube do que queria contar. O filósofo, sabiamente, disse que não queria ouvir e o homem foi embora.

Através disso, dou um conselho para que não aceite fofocas em sua casa, pois a casa que recebe as coisas más, também recebe o maligno. Aprenda com o filósofo que ignorou a fofoca. E descarte a mania de trazer um "soube" para sua casa, não faça igual ao homem que procurou saber e foi até o filósofo para repassar a fofoca. Não normalize nada que seja pecado, mas combata contra ele.

Abandone tudo quanto for pecado, pois na balança não existem pecados grandes e pequenos, todos eles nos afastam do criador.

Quando falamos em ira, a Bíblia nos aconselha: [...] *evite a ira e rejeite a fúria; não se irrite: isso só leva ao mal* (Salmos 37:8).

Não sei você, mas eu já ouvi pessoas dizendo que "nasceu desta forma e vai continuar assim", como também já ouvi falar que a "ira é de família e nunca vai sair, pois é herança". Nesse caso eu discordo dessa pessoa. Não existe base bíblica para dizer que, "se eu nasci com a ira, continuarei assim para sempre e não há nada que possa me mudar". Se fosse para eu falar sobre o poder de Deus, minhas palavras não seriam capazes de explicar a grandeza do poder do criador. Entretanto, nem eu e nem ninguém conhece todo o seu poder — ou melhor, quem conhece? Porém, eu sei que Jesus traz vida nova, onde ele entra ele muda todo o ambiente, assim como mudou Pedro, seu discípulo. Segundo o Evangelho, quando lemos dá para perceber que Pedro era um homem muito "temperamental", entretanto, quando Cristo entrou em sua vida, tudo mudou e no livro que Pedro escreveu já vemos um outro Pedro, um Pedro mais paciente e compreensível.

Não somente existe a história de Pedro, mas há muitas histórias na própria palavra do Senhor sobre homens que eram temperamentais, mas foram mudados por Deus. Seja você temperamental, Deus pode te mudar, mas também basta você querer sair desse pecado.

Quando falamos em orgulho, a Bíblia nos aconselha: [...] *o orgulho do homem o humilha, mas o espírito humilde obtém honra* (Provérbios 29:23). Pessoas muito orgulhosas (biblicamente) vemos que Deus não se agrada de pessoas assim. Com certeza você já ouviu relatos ou quem sabe viveu esses relatos, de pessoa tão orgulhosa que nunca falou com o seu próximo pelo orgulho, não quis pedir perdão ou quem sabe não quis ajudar pelo orgulho; quem sabe outro tipo de relato, como uma pessoa que se vangloria ou quem sabe uma pessoa de muita soberba.

Deus claramente detesta o orgulho do mal. Deus já humilhou muitos soberbos e ele mesmo já humilhou muitos que se vangloriavam perante a presença dele (biblicamente falando).

Devemos entender que tudo que Deus nos dá pertence à honra e glória do todo-poderoso, porque embora ele tenha nos dado, mesmo assim pertence a ele. Do mesmo jeito que ele deu, ele mesmo pode tomar.

Quando falamos em inveja, a Bíblia nos aconselha: [...] *o coração em paz dá vida ao corpo, mas a inveja apodrece os ossos* (Provérbios 14:30). A inveja nunca deve haver dentro de um coração de um cristão. Acredito eu que a inveja é despertada em outra pessoa a partir de quando um indivíduo faz o seu melhor. Falo isso, pois já passei por muitas experiências dessa forma. Perante toda essa minha juventude, eu sempre me dedico ao meu futuro e onde eu atuo eu gosto de dar o meu melhor, porém isso acaba causando inveja nas pessoas de tal modo que eu não sei explicar. Houve certas pessoas que disseram "que não queriam que eu existisse" somente por eu estar fazendo o meu melhor. Podemos considerar isso como uma pessoa que não faz e quer atrapalhar quem está fazendo.

A inveja acontece em muitos cenários bíblicos. Devo citar Isaque, quando cavava poços de água e Deus o abençoava e ele se enriquecia de forma tão tremenda ao ponto de causar inveja dos filisteus; os filisteus por sua vez foram e taparam o poço de Isaque com terra. Para que Isaque não prosperasse, porém nada impedia a vontade de Deus na vida do homem.

Jamais deve haver inveja entre os irmãos cristãos, pois a inveja apodrece o homem.

Quando falamos em preguiça, a Bíblia nos aconselha: [...] *as mãos preguiçosas empobrecem o homem, porém as mãos diligentes lhe trazem riqueza* (Provérbios 10:4). Embora sejamos seres humanos, quando decidimos nos tornar um verdadeiro cristão, temos que abandonar tudo de que Cristo não se agrada. A preguiça é uma dessas coisas. A preguiça se encontra no meio do combate entre a carne e o espírito, e como cristãos temos que aprender a abandonar a preguiça e abraçar a coragem. Até porque como uma boa obra de um ministério vai ser tão constante se não tiver a coragem? Desse modo, Jesus nos ensina a aprender com a formiga que é corajosa e gosta de trabalhar para sua própria alimentação.

Deus não quer preguiçoso em sua obra, pois Deus é um pai doutrinador e as suas doutrinas estão estabelecidas na sua igreja, cabe a nós como cristãos obedecê-las e segui-las; porém a obra do Senhor é igual a uma seara, tem que ter trabalhadores para trabalhar. Trabalhadores que sejam corajosos e aptos a longos dias de trabalho, até que um dia comece a grande colheita.

Quando falamos em avareza, a Bíblia nos aconselha: [...] *pois o amor ao dinheiro é a raiz de todos os males. Algumas pessoas, por cobiçarem o dinheiro, desviaram-se da fé e se atormentaram com muitos sofrimentos* (1 Timóteo 6:10). Se tratando da avareza, prestem bastante atenção para depois não discordar dessas palavras. Ter dinheiro não significa que você está pecando, porém amar demais o seu dinheiro se torna pecado.

O amor é lindo, isso é um fato, entretanto você amar muito algo acima de Deus se torna uma idolatria. Como, por exemplo, você amar demais uma pessoa ao ponto de passar do amor de Deus ou se você ama demais todos os seus bens ao ponto de nunca querer perdê-los por amor a Cristo. Nesse ponto creio que você já entendeu.

Tem pessoas que são tão avarentas, ao ponto de se exaltar a si próprias e ao ponto de rebaixar o seu próximo. E de guardar tantos bens e não querer dar aos pobres e aos necessitados.

Por isso, a palavra de Deus diz que aquele que se exalta é humilhado, pois Deus não se agrada dos avarentos.

Poderíamos citar vários tipos de pecados, entretanto você mesmo sabe o que é bem e o que é mal. Eu não poderia citar tantos, para que muitos não venham contra mim com conversas moles dizendo que estas palavras estão erradas, sendo que não se trata da minha opinião, mas da Bíblia.

A IMPORTÂNCIA DAS ESCRITURAS

Um dia ouvi um acontecimento de um homem em sua juventude: sua tevê tinha parado de funcionar e ele passou um tempo ali tentando encontrar um jeito de fazê-la voltar a funcionar, até que sua mãe percebeu e perguntou o que ele estava fazendo, ele disse que estava tentando consertar a tevê, até que a mãe perguntou se ele já tinha pegado o manual, porém, ele tinha esquecido dessa parte, então ele pegou o manual e a tevê foi consertada.

Vemos nesse simples acontecimento que precisamos do manual (que são as escrituras), para saber como ou onde se consertar. Sem as escrituras, como iríamos encontrar a verdade? Pois é nelas que se encontra tudo o que precisamos.

Certo dia eu estava em uma igreja e espontaneamente veio uma mulher e disse que "Deus me daria uma sabedoria igual de Salomão", entretanto Deus falou para Salomão em 1 Reis 3:12: "[...] *darei a você sabedoria e inteligência, como ninguém teve antes de você, nem terá depois*". Através desse acontecimento, vemos que é importante sabermos das escrituras e não as desprezar, elas são cheias de perfeitas palavras que jamais devem ser esquecidas, principalmente por nós que necessitamos delas.

Entende a importância da Bíblia? Pois é, ela é a melhor ferramenta que os justos têm aqui na terra, por isso temos que buscar conhecimento, pois conhecimento é riqueza e precisamos dessa riqueza. Hoje estamos a maior parte do nosso tempo no celular, conversando com amigos e amigas, postando, curtindo posts, mas a palavra de Deus deixamos para trás, e quando chega o momento de usar as escrituras, você não sabe. A Bíblia diz: [...] *o meu povo perece por falta de conhecimento*, e sim, mais uma vez, a escritura está dizendo a verdade.

Irmãos em Cristo, por que duas horas e quarenta minutos de louvor e somente vinte minutos de palavra? Não faz sentido, e é por isso que muitos padecem, caem no meio do caminho e decidem voltar para trás. Há muitas igrejas — quem sabe a maior parte delas — que não têm nem escola dominical.

Entre os 15 a 16 anos eu decidi ler a Bíblia toda, e acredite, igreja, essas escrituras me mudaram de tal forma que eu não consigo explicar. Já li vários livros, mas nada supera a leitura bíblica.

Eu passei a saber do Evangelho de Cristo a partir da minha mãe, que repassou essa "herança do Evangelho", e eu conheci Deus, porém, quando eu comecei a me aprofundar nas escrituras, eu percebi que Deus é muito diferente do que as pessoas falam por aí, Deus é muito mais do que qualquer palavra que sai de nossas bocas, Deus ele vai além do pensamento humano, ele é tão profundo e extraordinário que vai além do limite humano ao ponto de neste momento eu não conseguir expressar com as melhores palavras o quanto Deus é.

Conheci o Senhor de forma extraordinária lendo sua palavra. Quando conheço alguém e pretendo ser amigo dessa pessoa, o que devo fazer? Claro que tenho que conversar com essa pessoa. Através da conversa, eu saberei dele e terei uma intimidade. Quando eu ouvia falar sobre ele eu tinha uma noção de quem ele era, mas quando eu li as suas palavras eu passei a sentir o próprio amor.

Para você ver que as escrituras nos mostram quem realmente é Deus e quem realmente é Jesus e o Espírito Santo, elas nos mostram o Evangelho puro e verdadeiro.

Quantas pessoas morreram e foram queimadas vivas para a Bíblia chegar a nós? Quantas pessoas sacrificaram suas vidas para que hoje a gente pudesse ter a liberdade de ler e de conhecer Deus através das suas lindas escrituras?

Quando lemos o Antigo Testamento conhecemos Deus. Quando entramos para o Novo Testamento conhecemos Jesus nos Evangelhos; nos Atos dos Apóstolos conhecemos o Espírito Santo, nas cartas de Paulo e nos livros dos apóstolos, vemos o amor da Trindade (Deus, Jesus e Espírito Santo) para conosco. Em Apocalipse vemos a justiça e a soberania da Trindade.

Não somente sabemos, como reconhecemos de fato que essas escrituras têm poder. A Bíblia vai dizer que [...] *a palavra de Deus é viva e eficaz, e mais penetrante do que espada alguma de dois gumes, e penetra até à divisão da alma e do espírito, e das juntas e medulas, e é apta para discernir os pensamentos e intenções do coração* (Hebreus 4:12). E quantos de nós já sentiram as escrituras trazendo vida e deixando a nossa vida mais eficaz; e quantas vezes percebemos que essa palavra penetrou até a divisão da nossa alma e do nosso espírito e das juntas e medulas; e quantas vezes essas palavras acertaram nossos pensamentos e a intenção do nosso coração, e foi exatamente nesse momento que nós percebemos que essa palavra é viva.

Certo dia Jim Wallis, estudante seminarista da escola Divina Trindade de Chicago, decidiu usar uma tesoura afiada em sua Bíblia.

Ele, junto com seus colegas entusiastas, recortou vários versículos das escrituras, realizando uma "cirurgia sagrada" em cada livro da Bíblia, do Gênesis até o Apocalipse.

Cada vez que um versículo falava com eles sobre o tema da opressão, destruição, pobreza e injustiça, eles decidiam removê-lo. O objetivo dessa ideia era ver como seria uma Bíblia impiedosa e sem compaixão. Quando terminaram eles descobriram que mais de dois mil versículos haviam sido removidos e colocados sobre o chão, e um livro mais fino e esfarrapado permaneceu.

A Bíblia tem tudo que precisamos e tudo que está escrito nela é importante para a humanidade. É um livro pronto e que fala sobre o passado, mas está no presente e fala do futuro. Billy Graham disse que "[...] a Bíblia é mais atual que o jornal de amanhã". Sim, ele está certo.

Temos que entender que a palavra é única e como fogo; muitas vezes nossas palavras são lindas e repletas de sabedoria, todavia as palavras de Cristo alcançam lugares aonde não podemos ir, alcançam lugares aonde nossas palavras não são capazes de chegar, por isso as escrituras são eficazes e poderosas, são como escudos para nossa alma e espada na nossa mão.

Ah, se muitos soubessem o quanto é valiosa, iriam aproveitar cada tempinho que têm para ler as escrituras, pois elas são essenciais para nossa vida e servem como manual para nós que somos criação de Deus.

Quantos obstáculos os profetas tiveram para conservar essas preciosas palavras e todo o processo para chegar a nós. Quando estudamos a arqueologia bíblica, vemos claramente isso, pena que muitos preferem ficar horas em um aparelho tecnológico, se enchendo de conteúdos desnecessários que não servem para nada, enquanto a Bíblia está lá, parada e com poeira. É triste isso, mas hoje em dia é muito comum.

Como cristãos temos que pegar a espada de Efésios 6, porque a espada é a palavra de Deus e jamais um guerreiro pode ir para uma guerra sem a sua arma e lutar contra o seu inimigo sem nada.

As escrituras servem para fortalecer o ministério e deixá-lo mais saudável e constante na sã doutrina, e servem para desviar dos atuais hereges. As escrituras me ajudaram a me desviar de muitos hereges e fortaleceram muito o ministério que Cristo me confiou. Entretanto, nós que lemos e estudamos as escrituras somos simplesmente um eterno aprendiz. Nós estudamos, mas voltamos a aprender novamente, as palavras do Senhor são infinitas de conhecimento e por serem infinitas isso significa que para quem as ler sempre haverá mais o que aprender. Houve certas palavras que eu li e estudei no ano passado, porém mais conhecimentos vieram neste ano. Chega a ser — de certa forma — uma maravilha esplêndida, de saber o quanto essa palavra é tão viva, e por ela ser tão profunda, acaba sendo muito eficaz para nossa alma. As escrituras são importantes para nós aprendermos a nos posicionar em todos os sentidos. Eu e minha amiga escrevemos um texto que envolve muito essa situação, que dizia: quando vamos para a vida espiritual de um cristão, podemos nos deparar com vários momentos em que tomar uma posição sobre certos assuntos é inevitável. A própria palavra fala que não devemos ser mornos (Apocalipse 3:15-16). Ser morno seria basicamente alguém que está em constantes dúvidas, que nunca toma uma decisão ou se posiciona sobre algo.

"Cristão covarde" é a palavra que define um cristão morno. Crentes medrosos que não se posicionam contra as bandeiras do inimigo, que abandonam suas condutas cristãs e não lutam como igreja de Cristo.

Muitas vezes temos a oportunidade de nos posicionar como verdadeiros cristãos na sociedade em que vivemos, mas escolhemos nos calar e aceitar, por medo ou por não sabermos como nos posicionar diante de diversas situações, mas quando paramos para analisar a palavra de Deus vemos que toda a instrução está nela. Um dos líderes da revolução americana, Benjamin Franklin, disse a seguinte frase: "[...] pessoas que são boas em arranjar desculpas raramente são boas em qualquer outra coisa". Quando não queremos nos posicionar sobre algo, insistimos em desculpas que não nos levarão a nada, seja por medo do que as pessoas irão falar ou porque não queremos ser envergonhados.

Não é bom se afastar da missão que a você foi confiada. Sempre ressalto que a igreja de Cristo não é, e nunca será, um hospital, mas a igreja do Senhor é um quartel. O hospital é lugar de enfermos, mas o quartel é lugar de combatentes. Jesus o chamou para combater os principados e potestades, e não para ficar parado enfermo, por isso chegou a hora de se posicionar.

Na palavra podemos ver inúmeros exemplos de pessoas que se posicionaram durante sua caminhada na fé, e uma delas é Daniel, que em meio a dificuldades se posicionou e não aceitou o padrão que o "mundo" lhe oferecia (Romanos 12:1–2). No entanto, há algo curioso. Daniel só sabia como se posicionar porque ele conhecia a palavra e tinha um relacionamento com Deus. Então só saberemos nos posicionar em nossa caminhada espiritual quando estivermos em um relacionamento com Cristo e baseados na palavra; tudo é por meio da palavra.

SE FIRMANDO EM CRISTO

Você já viu em um velório um caminhão de mudança? Provavelmente não.

Com certeza você já ouviu alguém dizer que não levamos nada dessa terra. Sim, é verdade, porém, muitas pessoas são ambiciosas por riqueza, poder, fama e dizem que o verdadeiro sentido da vida é viver em luxos, vivem cegas e aprofundadas nas coisas mundanas, esquecem daquele que verdadeiramente as ama.

Jesus é o único sentido da vida, ele nos fez entender o que é a vida, o que a ciência ainda procura saber.

Jesus é motivo de continuar, de não olhar para trás, de não retroceder, porque ele nos fez enxergar o sentido da vida, como fez com os doze discípulos. Eram doze vidas totalmente diferentes e cada um passava por situações totalmente diferentes, vidas diferentes, quem sabe procurando o verdadeiro sentido da vida, mas Jesus mostrou a eles que ele era a vida.

Agora que você já tem uma mente mais aberta para entender que Jesus é o sentido da vida, podemos nos aprofundar em um firmamento com Cristo.

Permita-me contar uma história de um aluno e seu rabino. Certo dia o aluno perguntou ao rabino: "Mestre, quando devo entregar minha vida a Deus?". O rabino orientou ao aluno que entregasse sua vida no dia da sua morte. O aluno sem entender disse: "Mestre, mas eu nem sei quando eu morrerei". O rabino respondeu dizendo: "Exatamente, meu filho, por isso entregue sua vida a Deus todos os dias". Agora para colocar "uma cereja no bolo", na Carta aos Romanos, capítulo 10:9, diz que: *se nós confessarmos verdadeiramente que Jesus Cristo é o Senhor e acreditarmos que o nosso Deus o ressuscitou dos mortos, teremos a salvação.*

Você, sendo cristão ou afastado, ou quem sabe seja ateu, essas palavras são para esses três tipos de pessoas. Não sabemos quando iremos embora deste mundo, e por sabermos que iremos um dia embora, claramente nos vem o pensamento de que não levaremos nada desta terra, ou seja, tudo isso aqui é simplesmente passageiro. Existem pessoas que pretendem entregar sua vida a Jesus, depois que aproveitarem tudo deste mundo (isso foi o que eu já ouvi), sabendo essa pessoa que ela pode atravessar uma rua e simplesmente um acidente pode levá-la à morte, e lá se foi a chance de entregar a sua vida a Cristo.

Graças a Jesus Cristo; por sua grande misericórdia, temos a salvação que foi dada pela graça. Por esse modo, devemos nos entregar de corpo e alma a Cristo; depositar nossas vidas a ele, que ele nos deu, e é por esse modo que devemos dizer que Cristo é o Senhor e que ressuscitou no terceiro dia, mostrando que é mais forte que a morte. Não deixe para o amanhã, pois não sabemos se amanhã iremos acordar; não deixe para o amanhã aquilo que você pode fazer hoje e agora.

Para os afastados e os que estão na igreja, porém não estão firmados, eu acredito na renovação da aliança. Para os ateus, eu peço que deixe um pouco de lado toda a incredulidade em Deus e pelo menos abra o seu coração para Deus; dê uma chance a Jesus assim como outros cristãos que antes eram ateus e eles assim fizeram. Eu tenho certeza de que viverão não tão somente no "acreditar", mas no sentir.

Quando sentimos a graça de Deus de forma tremenda, sempre queremos estar dentro dessa graça e viver nela sem estar nenhum momento longe.

Nos Salmos 27:4, o salmista diz: *uma coisa pedi ao senhor, e a buscarei: que possa morar na casa do senhor todos os dias da minha vida, para contemplar a formosura do senhor, e inquirir no seu templo*. Vemos aqui que o salmista quer viver dentro da presença do criador; e é através desse versículo que sinto em contar um acontecimento de um pai e seu filho que estavam na Disney. O filho estava brincando em vários brinquedos na Disney, até que ele se admirou ao ver a montanha-russa. Empolgado com o brinquedo, ele perguntou ao seu pai se poderia brincar na montanha-russa. O pai por sua vez disse que não era para a idade do menino; e o menino respondeu ao seu pai de forma fascinante de se ver. Ele disse: "Ah, pai, nesse momento eu queria entrar dentro do senhor para poder brincar naquele brinquedo".

Que a partir de hoje você queira morar dentro da presença de Deus e estar debaixo da graça do altíssimo, pois é somente por ele, por meio dele, que podemos chegar aonde queremos e entrar em lugares que não conseguimos entrar.

A presença de Deus é linda, viva e eficaz. Ela entra em nós como chamas de fogo, assim como a sarça que pegou fogo e não se consumiu. É através dessa presença que habita dentro do nosso coração que sai uma voz que abala toda a nossa alma e nos atrai para mais perto do criador; por isso, que possamos não somente pedir, mas buscar viver na casa do Senhor.

Podemos nos firmar em Cristo na oração, na palavra, através do jejum e do louvor. Podemos fazer isso todos os dias, inclusive cultuando com os irmãos na igreja.

A oração é um meio de termos intimidade com Deus e é através dela que temos um tipo de relação mais profunda com o pai. Como eu disse no capítulo 3: Deus é para quem oramos; Jesus é a ponte ou o meio para quem oramos e o Espírito Santo é um abastecimento que nos motiva a orar. Jesus Cristo foi o responsável por rasgar o véu que separava Deus e os homens, para que possamos entrar no santo dos santos e conversar diretamente com o pai. Agora, essa conversa chamada de "oração" é um meio de intimidade — ou seja, de conhecer a Deus — e um meio de ser cheio de espírito — ou seja, de poder.

A Bíblia é conhecida como a própria palavra de Deus. Lá está a história do princípio, a história do seu povo e seus profetas (que o representavam), do seu filho, da sua igreja e a revelação da sua vinda. Um livro escrito por homens usados por Deus, que o representavam; onde estão escritas revelações que vinham do próprio Deus e que foram inspiradas por ele. Vimos no capítulo 7 sobre a importância das escrituras, então se queremos conhecê-lo, devemos ler sobre ele. Se você estiver em constante oração, o espírito que está te abastecendo vai te dar sede das palavras de Cristo.

O louvor foi inspirado por Deus, ele mesmo criou a canção, as letras, as cifras. Ele criou o perfeito louvor. Há uma canção em cada um de nós. Louvar nos enche da presença de Deus, louvar alivia a alma e a mente e conforta o coração. O Senhor, do seu trono, recebe os louvores que saem de dentro, e não de fora.

O jejum é um momento em que você deixa todos os prazeres, desejos e vontades de lado; é o momento em que você nega sua carne para viver totalmente para Deus. É um dia que você reserva para orar, ler a Bíblia, louvar e através disso buscar ao Senhor de todo o coração.

Acredite, esses quatro tópicos te fazem uma verdadeira e nova criatura. Deus é merecedor de toda honra, glória e adoração, e como imitadores de Cristo temos que buscá-lo de todo o nosso coração. Chegou a hora de nos firmarmos nesse Deus bondoso, um Deus que mudou a vida de muitos.

Imagine você, em frente ao vasto mar, pegando um punhado de água com as mãos e essas águas começam a escorrer pelos seus dedos. Isso é a vida do homem.

Tem homens que tentam manter suas vidas vivendo somente por esse punhado de água, que consequentemente escorre pelos seus dedos — não conseguindo segurar. Buscam fama, riquezas, prazeres e glórias, mas é tudo passageiro — tudo vai escorrendo. Entretanto, enquanto os homens vivem por esse punhado de água, nós vivemos pelo vasto mar à nossa frente. O qual não precisamos segurar com as nossas mãos, mas sim mergulhar.

Buscamos ao Senhor, e o acharemos, quando abrirmos nosso coração por completo para Ele.

Jesus Cristo é transformação. Quando nos arrependemos verdadeiramente, ele entra dentro de um coração sujo e vazio e transforma em um coração limpo e decorado com suas lindas obras de artes. Quando decidimos nos entregar por inteiro a Cristo, e nos firmamos nele, acredite, sempre terá mudança. Quando a Bíblia diz que o nosso corpo é templo e morada do Santo Espírito, já nos dá a resposta de que Jesus fará dessa pessoa uma casa de santidade. O Espírito Santo é limpo e traz a limpeza junto com ele. A limpeza do Espírito Santo é a mudança de um firmamento eterno.

Essa limpeza é o amor que move todo o nosso ser, que lança fora todo o medo, angústia e preenche todo o vazio. É nesse momento que você nota que Jesus é o suficiente!

Eu e uma irmã na fé escrevemos um breve texto sobre esse amor que preenche o vazio, que dizia: o amor é muito mais forte e mais fiel que uma paixão. Para mim, Guilherme, a paixão é temporária, mas o amor dura para sempre; eu não posso deixar de ressaltar que o amor é uma dádiva que une tudo e todos de forma eterna. Se um casal jurar um ao outro estar juntos até a morte, mas por amor, essa promessa será cumprida, porque o amor não mente, o amor é verdadeiro, o amor é tão puro que ele não trai, não machuca e não desampara.

A palavra "amor" é muito forte, e com um único sentido. Você já se perguntou o real sentido da palavra "amor"? O amor, para mim, é aquele que é comparado a um amor de mãe, aquele amor que zela, ama, e luta com carne e unha pelos seus filhos, sim, é o amor de Jesus para com você. Ele pode ser comparado a um amor de mãe, mas é muito mais forte, é zeloso, paciente e amoroso. Se juntássemos todos os amores do mundo, não chegaríamos perto da imensidão do amor de Jesus!

A Bíblia aponta Jesus como o próprio amor, quando em João 3:16 diz: [...] *porque Deus amou o mundo de tal maneira que deu seu filho unigênito, para que todo aquele que nele crê não pereça, mas tenha vida eterna.* Jesus é o sinônimo do verdadeiro amor, pois ele foi cuspido, levou pedradas, levou palavreados, chicotadas, uma coroa de espinhos na cabeça, carregou uma cruz pesada e padeceu ali com um prego em cada mão e um prego em seus dois pés, sentindo ali naquele momento a frieza, a dor e o desamparo do povo, e por estar cheio do pecado do mundo (que ele tomou para si) ele sentiu o desamparo de Deus, e ficou ali até a sua morte. Isso não foi paixão, isso foi amor.

Veja nossas crianças, com o coração puro, inocente, sem inveja ou rancor do outro; se houver briga, logo após um tempo esquecem e estão juntas novamente. São seres com um coração tão puro, e cheios de amor puro. Da mesma forma o amor de Jesus para com você. É difícil compreender como pode haver tanta pureza em um coração, ao ponto de perdoar todos ao seu redor mesmo sendo desprezado por muitos. Jesus naquela cruz, padecendo por nós, fala ao pai: "[...] *pai, perdoa-os, pois não sabem o que fazem*", nos mostrando que o amor perdoa mesmo não tendo culpa, e é esse amor de Jesus para conosco, amor bondoso, paciente, que não se vangloria, e que tem perdão.

Saiba que, estando nós em Cristo e Cristo em nós, somos perfeitos nele. Fomos circuncidados em Cristo e a nossa velha pessoa foi sepultada com Ele no batismo, agora ressuscitamos nele e nossos pecados foram perdoados.

O que nos separava, ele rasgou. O que nos acusava, ele riscou. Ele entrou no tribunal e assumiu a culpa. Tudo ele removeu na cruz e foi nela que Ele venceu. Agora lutamos para que ninguém nos domine, pois estamos firmados no Cristo, que é o cabeça de todo corpo. Que ninguém nos domine com vãos ensinos, mas que permaneçamos firmes na verdade de Cristo.

DEUS BONDOSO

Você sabe por que você ama Deus. Agora você sabe por que ele te ama? Creio que você não sabe me responder essa! Deus criou o universo e nos criou; nisso, Deus viu que era bom, mas depois o homem pecou contra Deus e até hoje é assim, porém ele nunca deixou de nos amar.

Às vezes eu olho para o céu e me pergunto: que amor é esse?! Nós somos pecadores e por isso pecamos diariamente no falar, no pensar, no fazer e ele nunca deixou de nos amar.

Dia 5/4/2023, quarta-feira, um homem de 25 anos invadiu uma creche, ceifou a vida de quatro crianças e feriu outras cinco em Blumenau/SC; e embora o que ele fez tenha sido um desastre, você sabia que, se ele se arrepender do todo o coração, Deus ainda perdoa?!

Que amor é esse? Esse amor é incompreensível e inexplicável, pois Deus é o próprio amor verdadeiro, o qual Jesus mostrou padecendo na cruz do calvário e ressuscitando ao terceiro dia.

Um rei certo dia pôs uma lei que dizia: *de quem roubar ou matar serão arrancados os dois olhos.* No mesmo dia esse reino ficou em paz, porém, ao passar dos dias, houve um assalto nesse reino; um soldado correu até a sala do trono e disse ao rei: [...] *senhor, infelizmente acabou de ocorrer um assalto e, como sua lei diz, devem ser arrancados os dois olhos do homem!.* O rei, furioso, mandou trazer imediatamente o homem para lhe serem arrancados os olhos; entretanto, o soldado disse: [...] *senhor, mas tem um porém nesse ocorrido, é que a pessoa que assaltou foi seu filho, foi o príncipe.* O rei naquele momento se sentou em seu trono e lágrimas caíram do seu rosto, e os soldados o trouxeram.

O rei, com seu coração triste, disse: [...] *por que, meu filho? Por que você fez isso? Por acaso esqueceu que eu não posso voltar atrás com minhas palavras?! Filho, tudo que é meu é seu, qual é o sentido de roubar sendo que já tens o suficiente? Agora, como a lei deve ser comprida, podem arrancar os meus olhos, e não os do meu filho!.*

Mesmo o próprio ser humano tendo falhado com o Senhor, mesmo assim ele nunca o abandonou, ele ainda o amou padecendo naquela cruz. Mesmo sendo justo, ele levou a cruz, mesmo sem pecados, ele levou a cruz, mesmo a culpa sendo nossa, ele levou a cruz, mesmo nós seres humanos falhando com o Senhor até hoje, ele ainda nos ama e levou a cruz. Acreditem, queridos, não existe amor maior do que esse. Ah, irmãos, "[...] *porque Deus amou o mundo de tal maneira que deu o seu filho unigênito, para que todo aquele que nele crê não pereça, mas tenha a vida eterna; porque Deus enviou o seu filho ao mundo, não para que condenasse o mundo, mas para que o mundo fosse salvo por ele"* (João 3:16-17), por isso temos vida.

Devemos querer viver nesse amor, porque pode uma mãe, um pai ou até mesmo toda a família se esquecer, mas Cristo nunca esquecerá, porque ele, sim, nos ama de verdade.

Vamos querer queimar por ele, deixar o seu amor invadir nosso coração e nossa mente, porque esse amor nos traz vida e foi Jesus que revelou o verdadeiro significado do amor, quando o amor foi demonstrado no calvário.

Bom seria se todos reconhecessem o amor de Cristo e se rendessem a esse amor extraordinário; o amor que purifica, que sara, que renova. Ah, como seria bom que todos sentissem e quisessem morar dentro desse amor.

Se nós pensarmos que a vida é nascer, viver e morrer, acaba que chegamos à pergunta: "por que viemos ao mundo?".

Pelo menos uma parte dos ateus, mesmo não acreditando em Deus, eles não desejam que isso acabe e pelo menos eles raciocinam que deve existir algo depois da morte, até porque nada faria sentido se não fosse assim.

Sabe, amado, se você for um ateu ou está afastado de Deus, eu falo com todo o amor e carinho que sinto por você; dê uma oportunidade para que Jesus entre dentro do seu coração.

Sabe, falo isso sem citar religião, porque o Evangelho vai além de uma religião, e embora muitos possam discordar (provavelmente), eu acredito dessa forma. Eu busquei conhecimento e acredite, amado, eu conheci Jesus mesmo não o vendo, e sim, ele mudou a minha vida, a minha mente e o meu coração e mostrou que a única coisa de que eu dependo é dele, e todos os dias ele me ensina sobre ele, fazendo-me largar tudo que é ruim e adquirir tudo que é bom; sinto como se ele estivesse aqui do meu lado e nunca me deixasse na mão.

Depois que vivi isso, eu quero mostrar ao mundo quem é Jesus de verdade, porque ele é mudança para muitas vidas que querem ser mudadas. Isso, o Evangelho é exatamente isso, o Evangelho é mudança de vida; ele traz luz onde só tem escuridão, porque é exatamente isso que Jesus é, ele é a luz.

Então, por favor, amado, libere seu coração para Cristo, pelo menos uma vez; permita-se senti-lo, porque há uma diferença entre acreditar e sentir, ou não acreditar e reconhecer.

Se pelo menos você a partir de hoje der uma oportunidade de conhecê-lo, aí então você realmente saberá quem é Jesus e sentirá esse mesmo sentimento que eu. Isso serve tanto para um ateu quanto para um afastado.

Sabem, queridos, permitam-me citar o quanto Deus é perfeito, pois o seu amor e cuidado é revelado através da sua criação.

Quando olhamos a criação esplêndida de Deus, vemos a sua glória, o seu amor e cuidado através dela; suas formas, cores, limites, seu comportamento, entre outros; cada um com sua cor específica, outros com cores variáveis e cada criação com o seu serviço.

Deus ele é perfeito, assim como toda a sua criação, os rios e suas lindas cachoeiras, as árvores e seus frutos, as relvas verdes de cores claras, os mares e céu azul, a terra e suas riquezas, o sol que ilumina o nosso dia e a lua que ilumina a nossa noite, e o vento que vem do norte ao sul, do leste ao oeste; assim como os animais que voam no céu, os que andam sobre a terra e os que nadam em alto-mar. Em sua criação perfeita foi estabelecido o tempo, espaço, matéria, limites, destino, leis e o seu próprio reinado.

As plantas servem como meio de produção de alimentos, para dar energia aos seres vivos, elevando a temperatura da terra e mantendo assim o equilíbrio do planeta.

A nuvem é responsável por levar águas a diversas regiões do planeta e por manter a temperatura boa para se habitar, já o oxigênio que está presente no ar atmosférico é utilizado para a respiração e sem ele não existiria vida.

O sol representa a maior fonte de energia, que permite a existência de seres vivos, e a lua é como escudo para a terra. "O maior pintor do mundo" fez tudo perfeito e perfeita é sua criação, porque viu ele que era bom.

Em tudo isso vemos claramente o quão impressionante, infinito e ousado é o amor de Deus para conosco.

FUNDAMENTOS PARA RELACIONAMENTOS

Em primeiro lugar está o amor. O amor é o primeiro e o mais importante de todos os fundamentos para um relacionamento saudável. Como pode ter união, respeito e caridade sem o amor? Acredito que o amor são as portas para os outros fundamentos, até porque o amor é Cristo. Quando Jesus não está em tal relacionamento, ele simplesmente vai acabar. O amor fez parte da criação, fez parte das misericórdias durante toda a história bíblica, assim como fez parte do sacrifício pelos pecados na cruz e pela graça que nos sustenta até os dias de hoje. Desse modo, sem amor é impossível um relacionamento progredir e ser saudável. O amor é como a água que rega a árvore, sem água a árvore não irá muito longe. Então, se um homem não tem amor, não tem Deus.

Em segundo lugar está a união. A união é uma peça fundamental para qualquer tipo de relação, seja em um casamento, na amizade, na família, entre outros; a união é e sempre será uma peça fundamental para as relações. A união é como a raiz de uma árvore, sem a raiz é impossível a árvore crescer, nem sequer viver. Em uma empresa, se não tiver união, ela desmorona, se não tiver união em uma organização, ela acaba. Principalmente na igreja, pois juntos somos o corpo de Cristo, e como disse Paulo: "[...]

assim como o corpo é uma unidade, embora tenha muitos membros, e todos os membros, mesmo sendo muitos, formam um só corpo, assim também com respeito a Cristo" (1 Coríntios 12:12). Sem união não existirá crescimento na relação.

    Em terceiro lugar está o respeito. Existe uma frase de Christyan Yury que diz: "[...] nunca se esqueçam que, onde não há respeito, não existe amor, respeito é a base de tudo, sem respeito não existe intimidade, carinho, amizade, bondade, limites, espaço e, o essencial, o amor para com uma pessoa". É impossível ter um amor verdadeiro sem respeito, porque o respeito é essencial para um relacionamento. O relacionamento começa em torno de respeito, porque é assim que esse relacionamento vai durar para sempre. Veja toda lei da natureza, cada lei é obedecida com respeito e tudo que é natural vive em harmonia — como se todas as leis fossem feitas para respeitar um o trabalho da outra. Da mesma forma tudo viverá em harmonia se tivermos respeito.

    Em quarto lugar está a caridade. Quando Jesus diz "[...] *ame o seu próximo como a si mesmo"*, colocamos a caridade no significado bíblico de compreender o sentimento do nosso próximo e ajudá-lo. Ser um amigo(a) ou um esposo(a) não é somente estar com o seu próximo nos momentos de bonança, mas nos momentos ruins também. Devemos estar auxiliando, escutando, aconselhando o nosso próximo, e não o deixar sozinho, mas ajudá-lo a sair dessa tal situação. Cristo me enviou amizades nos momentos em que eu mais precisava, e eles tiveram um verdadeiro "amor ao próximo" para com minha pessoa. Acredite, isso me ajudou muito (para quem estava com o coração quebrantado).

    Em quinto lugar e o mais importante de todos é Jesus. Uma amiga, boa leitora e grande irmã na fé chamada Mary me disse que "Quando você tem uma amizade e a base dela é Cristo, a amizade permanece até ambos estarem firmados nele. Mas quando um dos dois se desvia, a amizade se desfaz, porque a base que mantinha a amizade era Cristo". Sim e ela está certa. Quando estamos em qualquer tipo de relacionamento, devemos colocar Cristo em primeiro, meio e último, e como base em toda relação. Sem Cristo é impossível esse relacionamento ser "até a morte física", mesmo tendo amor, respeito, união e caridade, pois sem Jesus nada disso será verdadeiro; será somente algo passageiro.

CONSELHOS PARA UM JOVEM

- **ESQUEÇA O PASSADO:** Meus irmãos, esqueçam o passado, vivam o presente e lutem pelo futuro. Chega de viver naquilo que já passou. Se essa situação passou já está para trás, não retome aquilo que Jesus tirou de você, porque se ele tirou é porque ele quer o teu bem e ele sabe que aquilo iria te machucar bastante, como já te machuca até hoje, então decida hoje viver o presente, viver o que Cristo tem para você. Agarre as oportunidades que Jesus está te mostrando, para que não haja arrependimento depois. Em Isaías 43:18 diz: *esqueçam o que se foi; não vivam no passado*, mas temos essa mania de retomar o que Cristo tirou da nossa vida e recusar o que ele nos oferece hoje. Jesus é o provedor/cuidador da nossa vida e desde que nascemos ele cuida de nós. De uma coisa eu sei, Deus é bom e tudo que ele faz também é, então vamos parar de deixar que nossas vontades sejam concretizadas e vamos deixar que a boa e perfeita vontade de Deus seja feita em nossas vidas, porque se você continuar deixando reinar suas vontades, aí então se decepcionará novamente.

- **COLOQUE SUA TRISTEZA NA MÃO DE DEUS:** Nossa vida é repleta de fases, existem as boas e as ruins, entretanto não sabemos quando virão as fases ruins, seja relacionado à nossa família, ao amor, à amizade etc. Quando essas fases ruins vêm, não sabemos como reagir, ou o que fazer de fato para sair dessa situação, pois existem fases que não são fáceis de serem esquecidas e nem tampouco de sair delas de uma hora para outra. Às vezes planejamos tantas coisas e todas as coisas que planejamos são jogadas fora, como água boa sendo desperdiçada e lançada no esgoto. Sim, provavelmente você tenha passado por algo ruim e pensado exatamente isso, e eu sei que não é fácil, pois o nosso coração fica sensível, machucado, quebrantado, duvidoso e indeciso; entretanto temos um Deus que está conosco e a ele devemos conceder todo o controle das nossas vidas e lançar sobre ele toda a nossa ansiedade, toda tristeza, toda dúvida, toda indecisão, toda preocupação, todo medo e tudo que vem nos sobrecarregando, porque o criador de todas as coisas ele cuida de nós. Quando nossos planos falham, os planos do criador sempre permanecem; embora nós achemos que temos certeza do que fazemos, nós precisamos entender que sempre temos que colocar Deus no controle, e acredite: é muito melhor assim. Se não foi como você achava que iria acontecer, entenda que "nada acontece duas vezes da mesma maneira", e muitas vezes é para te proteger!

- **PROTEJA O SEU EMOCIONAL:** Sabe aqueles excelentes guerreiros de carcaça boa, que vencem grandes guerras e batalhas? Além disso, é bem falado por suas habilidades e inteligência de guerra? Ele treina todos os dias, se alimenta bem e tudo isso para manter a forma e deixar sua saúde em alta, para quando o inimigo o atacar ele já estar preparado. Entretanto diariamente temos felicidades e também tristezas, e ainda há certos momentos em que temos que fazer escolhas difíceis e nos vem o sentimento de questionamento/dúvidas e às vezes parece que estamos (como diz minha mãe) "entre a cruz e a espada". O nosso maior inimigo somos nós mesmos, e se pensar um pouco verá que as nossas batalhas e guerras do dia a dia são contra nós mesmos. Uma das maiores batalhas dentro de nós é com o nosso emocional. Eu não sei você, mas é a guerra que eu mais enfrento no dia a dia, e embora seja difícil temos que usar as armaduras de Deus, pois o nosso emocional está conosco todos os dias e é o lugar que mais temos que proteger, porque quando o nosso emocional é machucado, amigo, já é decretado um dos nossos piores dias. Nos meus estudos militares, aprendi que "não adianta ter carcaça, se não temos psicológico suportável". O rei Davi era um ótimo e excelente guerreiro, ele matou urso, leão, gigante, esteve em frentes de batalhas e sempre foi o responsável pelas vitórias, porém, mesmo sendo um vencedor de guerra, ele perdeu para o seu emocional. Então, meus irmãos, se fortaleçam das armaduras de Deus, estejam firmes na palavra, usem a sua inteligência/sabedoria e não deixem que suas emoções dominem vocês.

- **ENCONTRE A FELICIDADE:** Sabem, queridos, existem fases na vida que são ruins, porém faz parte da vida, e serve para nos amadurecer. Estar triste e chorar acontece uma hora ou outra, seja na família, no relacionamento ou em outras situações. Acredite, as vezes é necessário passarmos por situações difíceis para nos tornarmos melhores, para nos mudarmos, parar, e refletir no que temos que mudar. Não no sentido de amar menos, ou parar de se preocupar com as pessoas, mas saber controlar nossas emoções e focar mais você. Jesus disse: "[...] *eu sou o caminho, a verdade e a vida*"; por Cristo dizer que ele é o caminho, significa que não há outro caminho correto a não ser o dele, ou seja, se é um caminho justo é porque é verdadeiro, e as escrituras dizem que *"conhecerão a verdade, e a verdade os libertará"* (João 8:32), por isso ele é a única verdade, e quem é liberto na verdade tem vida, por isso ele disse que é a vida. Então, por ele ser o único caminho, a única verdade e ser a própria vida, dá-nos a entender que Cristo é a felicidade; por isso, deixe-me fazer uma observação sobre a felicidade. Quando compramos um bolo completo de chocolate, claro que esperamos que o bolo tenha gosto de chocolate; da mesma forma a vida, nós esperamos sentir a felicidade dela, entretanto, para sabermos que de fato o bolo tem gosto de chocolate precisamos saborear ele; da mesma forma a vida, para sentir a felicidade é necessário aproveitar cada segundo dela. Sempre temos aqueles dias em que nos sentimos tão felizes que não queremos que esse dia passe, mas foi porque você aproveitou de fato cada segundo daquele dia. Se você perguntar para um profissional da área da saúde (doutor), quando uma pessoa está perto da morte, o que ela fala, ele vai te dizer que as pessoas imploram para não morrer, dizendo: "Doutor, pelo amor de Deus, não deixe eu morrer; eu ainda tenho que pedir perdão ao meu irmão, dizer eu te amo para minha mãe, e estar presente na vida dos meus filhos e dizer eu te amo à minha mulher". Sabem, irmãos, por isso temos que aproveitar a vida da maneira correta, aproveitar cada segundo que Cristo nos dá. Se tem alguém para pedir perdão, peça hoje, porque amanhã pode ser tarde; se tem alguém para dizer eu te amo, diga hoje, porque amanhã pode ser tarde. Seja uma fonte de alegria, seja uma rede de energias positivas, procure melhorar, procure ter paz e viva intensamente.

- **A ÁRVORE MORTA PERTO DO RIBEIRO:** Imaginemos uma árvore morta, porém, junto a um rio. Imaginou? Bom, isso nos lembra a geração atual, a qual passa dias, semanas, meses e anos tristes e amargurados, ficam dentro de seus quartos chorando e postando vídeos tristes nas redes sociais, fazendo assim a vontade de satanás. Certo dia Jesus disse: "[...] *ide por todo o mundo, pregai o Evangelho a toda criatura*", entretanto o que vemos hoje é o "ide para seus quartos e ficai chorando até que eu volte e eu enxugarei dos seus olhos toda a lágrima". O que estou escrevendo, como disse o pregador Jhonathan Carlos, "Vai doer, mas vai curar". Esses dias uma psicóloga disse que "Existem pessoas que buscam a Deus de dia, tarde e noite e são cheias de Cristo, mas passam por depressão". Na verdade isso não existe, porque ser cheio de Cristo significa que não há espaço para outra coisa. No dia 2/3/2023, à tarde, eu e minha mãe estávamos conversando sobre depressão, enquanto isso nós estávamos andando em uma avenida para pegar um transporte, então eu disse: "Mãe, olha para a frente! A senhora vê alguém entregando folheto ou pregando?". Ela respondeu: "Não". Então eu disse: "Acontece que muitas pessoas precisam de uma palavra, mas nós sumimos". Irmãos e irmãs, chega de ficar dentro de um quarto chorando pelas circunstâncias da vida, não adianta ficar tão perto do ribeiro se não nos conectamos a ele, chega de ser uma árvore morta, chega de ajudar o inimigo a destruir você mesmo, vamos voltar a orar, voltar a ler, a buscar, a jejuar e pedir fome e sede de Cristo, porque, se você morrer, infelizmente será cortada. Por isso temos que nos firmar em Cristo, pois ele é o real sentido das nossas vidas e o motivo da nossa alegria.

- **PODEMOS VENCER:** João 11:35 me trouxe uma reflexão muito profunda sobre nós seres humanos. Um simples versículo da Bíblia que nos traz vários tipos de sentidos e firmamentos.

Já dizia um certo evangelista chamado Billy Graham que o maior acontecimento da história da humanidade não foi quando o homem pisou na lua, mas foi quando Deus se fez homem e habitou entre nós. Cristo nos veio ensinar uma moralidade a qual nos afasta do mal, contudo Cristo foi o maior exemplo de homem. Ele nos ensinou que podemos vencer as tentações e prevalecer com a força da fé. Por isso eu acho incrível isso em Jesus Cristo.

Imagine Jesus descendo à terra sendo cem por cento Deus; creio que a terra não aguentaria o solado do seu pé, nem tampouco a matéria carnal de Maria aguentaria;

muito menos os seres humanos aguentariam estar perto de Deus e não acreditariam que podemos prevalecer contra o mal. Como um professor poderia ensinar aos alunos como resolver a conta da matemática, se o próprio professor não sabe sobre essa matéria, nem tampouco foi formado? É necessário o professor se formar em matemática, para que os alunos queiram aprender com ele e ele saiba resolver a conta.

Assim como nós passamos por tentações e tristezas na vida, Jesus também passou. Jesus se fez carne e habitou entre nós e, por ele ser carne, também passou por tristezas, tentações e, como diz em João 11:35, *Jesus chorou*, mas ele venceu tudo isso. Ele conseguiu nos ensinar, porque ele também foi carne e sabe o que passamos diariamente. Jesus se formou homem, para ensinar aos homens como vencer, por isso ele falou à sua igreja, "[...] *eu disse essas coisas para que em mim vocês tenham paz. Neste mundo vocês terão aflições; contudo, tenham ânimo! Eu venci o mundo*" (João 16:33). E do mesmo modo que ele venceu, você — por intermédio do Espírito Santo — também pode vencer.

- **CONFIE NO SENHOR:** Eu parei para observar uma passagem da Bíblia em Jonas 2:2 e vi que, quando estamos com profundas dores em nossa alma, devemos clamar ao Senhor. Em 1 Pedro 5:7 diz: *lancem sobre ele toda a sua ansiedade, porque ele tem cuidado de vocês*. Assim como Jonas, que clamou ao Senhor, e o Senhor lhe respondeu, da mesma forma, se clamarmos a ele, ele nos ouvirá. Sim, eu sei que dói a alma, mas às vezes Deus tem que apertar certas coisas para nos atrair de volta para a presença dele. Jonas desobedeceu à ordem de Deus e fugiu, então Deus o apertou. Nessa oração Jonas percebe isso, se arrepende e agradece a misericórdia do Senhor, porém os que acreditam em suas próprias defesas ou em ídolos não reconhecem e desprezam a misericórdia. Assim como Jonas, temos que reconhecer a misericórdia do Senhor e ter um coração grato. Sem o Senhor, nós não somos nada e, se não fosse a misericórdia dele, o que seria de nós? Todos nós passamos por guerras espirituais da vida, mas se pararmos de lutar com nossas próprias forças e deixarmos que o Senhor peleje por nós (Êxodo 14:14), então veremos a vitória do Senhor. Temos que parar de confiar em nossas próprias forças e reconhecer que sem a misericórdia de Deus nós não somos nada. Que a partir de hoje nós possamos depositar a confiança naquele que é fiel e justo, e ter um coração grato por ele ser tão bondoso para com pequenas criaturas.

CASAMENTO CRISTÃO

Sou solteiro, esperando uma serva de Cristo que seja carne da minha carne e ossos dos meus ossos. Entretanto creio eu que tenho lugar de fala, não é mesmo? E antes que alguém diga o contrário, vindo com conversas fiadas dizendo que "não posso falar, pois não tenho vivência", eu te pergunto: você fala da vida eterna sem nem mesmo ter vivência dela, por que não posso falar do casamento sem viver um? Há conhecimento que é dado sem experiência, mas é dado de acordo como Deus assim quer, inclusive eu não entrarei em opinião própria, mas sim o que a Bíblia diz a respeito.

Homem, honre a sua mulher, dando a ela respeito, e trate ela como gostaria de ser tratado, como o vaso mais frágil. Não perca a oportunidade de todos os dias elogiá-la, abraçá-la e beijá-la, alegrando todos os dias dela. Seja o motivo de levantar a autoestima dela, porque isso é amor de verdade. Há atitudes que são mais do que mil palavras.

Mulher, honre seu marido dando a ele da mesma forma o respeito. Como falei para os homens, seja também às mulheres para com seus companheiros. Mulheres, homens parecem um coração de pedra, mas o coração deles não resiste quando ouvem um "eu te amo", quando recebem um cafuné no teu colo e o carinho dos teus abraços, ou seja, se deixar o orgulho de lado, e ser bom, um para com o outro, então estarão alimentando o amor.

Sejam um para o outro verdadeiros companheiros, aconselhando, ouvindo, se ajudando como auxiliares idôneos, um para com o outro, sendo assim uma só carne.

Amor é uma dádiva, porém amor não é somente dizer "eu te amo" da boca pra fora, amor são atitudes. São atos que demonstram o amor, e isso não é uma opinião minha, isso é bíblico.

Agora que entramos nessa questão do amor, vamos falar sobre o amor e a paixão. Estava lendo uma obra excelente de Lewis sobre o cristianismo puro e simples e vi que Lewis nunca noivou e nem tampouco se casou, mas suas escritas sobre o casamento me fizeram refletir que "existem pessoas que nunca viveram algo, mas têm mais maturidade do que aquele que vive". Apesar de nunca noivar e nem tampouco se casar, Lewis escreve conselhos que devem ser observados por muitos casais. Ele escreve a paixão e o amor no casamento de forma simplificada. Desse modo, falou a minha interpretação do conteúdo sobre esse caso, porém bíblica.

Digamos que um casal não tem como jurar dizendo para "estar juntos até a morte", até porque não há como saber se vai durar de fato. É a mesma coisa de prometer que não sentirei mais fome ou mais sede, sabendo que meu estômago não vai durar assim para sempre. Quando um casal quer muito estar junto, não é necessariamente uma "carência", mas sim a paixão.

Então como podem prometer isso estando apaixonados? Lewis fecha dizendo: "Estar apaixonado foi o primeiro passo para eles prometerem fidelidade um ao outro, e o amor, que é mais sereno, permite-lhes cumprir a promessa".

Queridos, o que mantém um casamento, o que faz a promessa ser comprida, é simplesmente o amor. O que não deu certo, nunca foi amor, mas o que deu certo, sempre foi amor.

Não posso terminar essa pequena observação sem dizer: o amor que é o próprio Cristo não padeceu na cruz por paixão, mas sim por amor. E quando eu digo que "o que não deu certo, nunca foi amor, mas o que deu certo, sempre foi amor", temos uma resposta clara de que aquele sacrifício na cruz deu certo, porque sempre foi amor. E quando eu disse que são atos que demonstram o amor, vemos com clareza que Cristo é um exemplo nessa parte também.

Muitos homens e mulheres, juntos ou não, não têm coragem de dizer um "eu te amo", ou talvez não falem por orgulho. Quer um conselho? Se você ama alguém, fale para essa pessoa; ou se por acaso a pessoa te disse isso, mas você se faz de difícil — sabendo você que você o(a) ama —, não faça isso, mas diga a verdade, diga que o(a) ama, porque talvez essa pessoa queira ser amado(a) e quem sabe você também.

Às vezes dizemos não, mesmo sabendo que o nosso coração diz sim. Acabamos negando esse amor que poderíamos valorizar, e por negar isso, estarmos perdendo um grande futuro e simplesmente "o amor das nossas vidas". Controle seu coração com sua mente, mas usando a inteligência e de forma sábia. O amor existe de fato, por isso, chegou a hora de reconhecê-lo, aceitá-lo e de vivê-lo todos os dias.

Imagine uma flor linda, em relva verde, com o céu azul lindo e luminoso.

Agora imagine essa planta morrendo e ficando feia, com a relva perdendo suas cores e o céu com cor cinzenta.

Provavelmente essa sua visão pareceu um "preto no branco", e o seu sentimento de amor e beleza se transformou em um sentimento triste pela visão.

De amor ninguém morre, mas sem ele nós não vivemos.

Quando nos entristecemos com alguém que amamos, chegamos a pensar em não amar mais. Não amar é somente uma ilusão da nossa cabeça, até encontrar uma pessoa. Às vezes amamos alguém e nem percebemos isso, até esse amor despertar. Eu costumo dizer que o amor ele dorme dentro de nós, assim como um bebê dorme na barriga da sua mãe, porém o amor é despertado quando confessamos o amor, da mesma forma que um bebê desperta assim que a bolsa estoura. E eu tive essa noção, quando senti um amor muito forte por uma pessoa.

Não adianta tentar vir com conversas de que "o amor não existe", quando ao mesmo tempo você se contradiz dizendo que "o amor é só de mãe". O amor existe e é real. Às vezes você entra nessa ilusão, porque você entrou em relacionamentos que nunca foram amor; já os relacionamentos que poderiam te dar amor você rejeitou. É aí que desvalorizamos quem nos valoriza.

Chega de desvalorizar a pessoa que sempre está ao seu lado, cuidando de você, se preocupando com você, sempre dando o melhor de si para ser alguém melhor pra você. Temos que ser maduros o suficiente para entender isso e parar de menosprezar pessoas que estão ao nosso lado para somar. Vamos agarrar com prazer essas pessoas que Deus nos envia.

Conheço muitas pessoas que se esforçam tanto para uma pessoa, porém essa pessoa nem dá valor; só sabe ver defeitos em tudo, só sabe machucar, só sabe menosprezar, só sabe viver em brigas e discussões. Depois elas dizem que "ninguém gosta, ninguém ama e ninguém entende". Isso é uma pessoa ingrata.

Temos que entender que um dia isso cansa. Chega um momento em que não dá mais para insistir em algo que não vai pra frente. Seja em qualquer tipo de relacionamento. E isso é bíblico, pois hoje muitos não querem Jesus, mas chegará o dia em que ele mesmo não irá querer mais. Então se o próprio Jesus dá um basta, que dirá nós seres humanos. Por isso aproveite, pois chega um dia em que essa pessoa vai embora e não volta mais.

Você vai olhar para trás e vai querer voltar ao início, porém a pessoa já se foi. Poderia de fato ser a melhor pessoa que Deus colocou no seu caminho, mas você nunca enxergou. Por isso sempre pense, reflita e "valorize, para não ter que olhar de longe o que você tinha por perto".

Você que está casado, já dizia Billy Graham: "Busque a vontade de Deus para o seu casamento". Só para dar um desenvolvimento a essa frase, o apóstolo Paulo disse: *"sejam capazes de experimentar e comprovar a boa, agradável e perfeita vontade de Deus"* (Romanos 12:2).

Quando queremos algo, e então pedimos a Deus, porém não é da vontade dele, essas nossas petições são simplesmente descartadas, nós ficamos até chateados com a resposta, porque era o que queríamos. Aprendi que cabe a nós aceitarmos essas boas vontades de Deus, e esperar nele e ele mandará a pessoa certa.

Quando temos nossa(o) companheira(o), devemos tratá-la com amor, carinho e respeito, seja o homem ou a mulher, saber cativar e ser responsável pelo sorriso dela(e), elogiá-la(o) quando ela(e) estiver arrumada e até quando ela não estiver arrumada(o), saber ouvi-la(o) e a(o) aconselhar, estar presente não somente nos seus melhores dias, mas nos piores também.

Ambos devem se tornar um só, uma só carne, um só pensamento, mantendo a união e a paz no seu relacionamento.

Sabe, errar faz parte, porém só não pode errar a todo momento, porque "errar é humano, mas permanecer é burrice", e não espere que o outro venha pedir perdão, peça você mesmo quebrando o seu eu; isso mostra ao inimigo que ele não tem poder sobre o seu casamento, e sim a vontade de Deus.

Eu e minha amiga há um tempo escrevemos um texto que falava sobre o casamento e eu não poderia deixar de mostrar esta linda obra.

Quando vamos nos preparar para compartilhar nossas vidas, sentimentos, emoções e bens materiais com outra pessoa que tem uma personalidade totalmente diferente da nossa — tratando de uma visão pessoal —, nos deparamos com um grande desafio e muitas vezes temos medo e receio.

Devo ressaltar que é muito melhor que o homem e a mulher, antes de pensarem em se casar, primeiro se casem com Cristo, para depois escolher um(a) parceiro(a). Jesus tem que estar no meio do casamento, mas ele não entra onde não é chamado. Por isso o convide primeiro para a sua vida, porque quando você se casar deve estar o Senhor Deus também, pois é dessa forma que a união de ambos funciona.

Muitas vezes queremos um varão ou uma varoa perfeita, queremos o melhor de Deus, sem antes sermos o melhor dele. Antes de entrarmos em um relacionamento carnal, precisamos ter primeiro um relacionamento com Cristo; uma intimidade com o pai. Assim saberemos com quem compartilharemos nossas vidas.

A união do homem e da mulher é bíblica e foi feita pelo próprio criador. Eles se unindo, deixam de ser dois e se tornam uma só carne, ou seja, um só coração, um só pensamento. Assim como nós nos cuidamos por amor a nós mesmos, da mesma forma o homem e a mulher (por serem um só corpo) devem cuidar um do outro. Nós sabemos que o cuidado, o carinho, o afeto, os elogios e os bons atos servem como uma espécie de abastecimento ao casal e fazem dos dois uma fonte de amor que jorra até o fim dos seus dias. Entenda que são gestos simples que fazem toda a diferença. São esses gestos que alimentam o amor e que o multiplicam, e que alegram o dia do outro e fazem ele(a) perceber que fez a escolha certa; a escolha do amor para a vida toda.

Na palavra de Deus fala que não é bom que o homem viva só (Gênesis 2:18), e por isso, em um certo momento de nossas vidas, queremos compartilhar um pouco do que vivemos com outra pessoa. No entanto, não a compartilhamos com qualquer um, por isso, antes escolhemos o parceiro de uma forma analítica e nada emocional. Ao se relacionar com alguém, ambos precisam estar na mesma visão de Evangelho, porque se Cristo não for a base, o relacionamento não prosperará.

Viva com uma pessoa que não somente te ame, mas que te viva intensamente (1 Pedro 4:8).

A pessoa que te ama vai chorar junto com você, vai acreditar junto com você, mesmo quando parecer impossível, vai te esperar se for necessário e vai superar quaisquer circunstâncias ao seu lado (1 Coríntios 13:7).

Quem decidiu te viver vai estar contigo a cada segundo, fazendo questão de estar com você a cada momento. Vai lutar por esse ciclo com a concepção de que, por você, vale a pena lutar. Vai levar a sério o "ser uma só carne" e renunciar muitas coisas para estar ao seu lado. Essa pessoa vai se fazer propósito na sua vida (Mateus 19:6).

Por isso, não corra por amores de promessas, mas sim de ações e atitudes. E "entenda que o amor suporta tudo, mas não aceita tudo. Pois o que tudo aceita não é amor, mas omissão" (Paul Washer). Ao invés de correr atrás, acima de todas as coisas, pratique princípios e em breve você encontrará a pessoa certa no altar (Josué 1:8).

Aqui vão sete fundamentos para um casamento cristão, que o firmam na base do Evangelho.

1. **UM SÓ CORPO:** Marcos 10:6-9: um corpo humano não precisa de mais nada, ele já é um corpo completo. Cada membro do corpo — embora tenham as suas funções — faz parte do mesmo corpo e o torna um. Da mesma forma um casal — mesmo sendo dois e com suas personalidades — quando decidem se casar se tornam uma só carne. Isso envolve um só pensamento, um só coração, um só propósito.

2. **O AMOR:** 1 Coríntios 13:4-7: quando falamos de uma só carne, devemos lembrar que, assim como o corpo é vivo por causa do sangue, assim o casal vive pelo amor. Não há namoro, noivado e casamento que dure sem o amor verdadeiro. Cristo é o amor, e se a base não for ele, nada se manterá para sempre. O amor verdadeiro não tem pressa, não tem ruindade, não tem inveja, não tem orgulho e nem tampouco se vangloria. Não maltrata, não é interesseiro, não é irado e não tem rancor. O "amor" que traz consigo tudo de ruim não é amor, na verdade é o ceifador dos seus sentimentos.

3. **A ORAÇÃO:** 1 Tessalonicenses 5:17: assim como o coração e o cérebro do corpo funcionam à base de oxigênio, assim o casal funciona à base da oração. Se o

casal tem seus objetivos e querem viver em propósito, é necessário oração. Se querem que o casamento funcione, que orem. "Quanto mais oração, mais poder". Não há fortaleza maligna da mentira que possa cercar um casal que ora, pois, embora sejam uma só carne, eles vivem em espírito e quem vive em espírito vive em verdade. Sem oração os órgãos do casamento não funcionam.

4. **O RESPEITO:** 1 Pedro 2:17: cada órgão do corpo tem seu dever e estes são respeitados pelos outros de acordo com a lei natural humana, assim nada sai do controle, pois embora sejam órgãos do mesmo corpo, cada um tem seu dever e deve ser respeitado. Da mesma forma, não existe controle no casamento se não houver respeito. Quando a Bíblia diz que o homem é o cabeça, não significa que a mulher também não seja. A Bíblia diz, nesse sentido, para manter o controle do casamento. Entretanto, se o homem e a mulher praticarem tudo que falei até aqui, se tornam de fato uma só carne, e um corpo tem uma só cabeça, ou seja, se forem maduros o suficiente, os dois estarão juntos — como de fato deve ser — e serão uma só cabeça.

5. **O CUIDADO:** Filipenses 2:4: quem ama de verdade cuida do seu próximo. Para manter o seu corpo saudável é necessário cuidar dele; querer o bem do próprio corpo. Um homem deve tratar sua mulher com dignidade e total cuidado, como o vaso mais frágil. Quando você trata bem a sua esposa, você está demonstrando o amor em atitude, que é o mais interessante. Da mesma forma tudo que falei até aqui serve para as mulheres.

6. **O PERDÃO:** Mateus 18:21-22: o perdão é um dos fundamentos não menos importante do casamento, e sim um fundamento valioso. Um casal não vive apaziguados para sempre, na verdade uma hora ou outra terão discussões, e o que separa o casal é a falta do perdão. Se o homem errou, que o homem peça perdão à mulher, mas se foi a mulher que errou, que a mulher peça o perdão. Entretanto, independentemente de quem errou — ou qual foi o peso do seu erro — que o outro perdoe por Cristo Jesus.

7. **BOA CONVERSAÇÃO:** Amós 3:3: assim como os órgãos do corpo são interligados para que todo órgão funcione, da mesma forma o casal tem que ter uma boa interligação — ou, em outras palavras, uma boa comunicação. Muitas vezes um não entende o outro, porque não sabem conversar; na verdade, os dois querem ser o dono da razão. Quando existe o egoísmo e o casal o coloca como base no casamento, tudo muda, mas pra pior. Temos que deixar de ser egoístas e ouvir a visão do outro, pensar sobre o caso e dar a liberdade do outro decidir também.

Bom, chegamos no final de tudo. Amados, o que eu escrevi neste livro foram palavras ministradas no meu coração que me fizeram eu estar firmado na rocha inabalável que é Cristo. Você leu, agora chegou a hora de praticar o que você aprendeu e quem sabe compartilhar este livro com uma pessoa que você sentir no seu coração.

Lembre-se, permaneça na santa vocação e nas escrituras, como lhe foi ensinado. Não se desvie para a direita e nem para a esquerda, mas continue seguindo em frente. Não se incline aos padrões deste mundo, mas esteja sempre na contramão dele. Permaneça no amor que é Cristo, na fé que vai te sustentar até o final e na esperança que é a certeza de que Ele virá.

Leve vida onde só existe morte, leve paz onde só existe guerra, leve amor onde só existe ódio e leve a graça que foi lhe dada de graça. Seja luz onde só tem escuridão, seja sal e gere sede nas pessoas para que elas corram diretamente para a água da vida que é Cristo.

Suporte todos os sofrimentos e todas as tribulações, seja sóbrio e não se deixe enganar pelas mentiras do mundo. Se firme no Evangelho que lhe foi confiado.

Declaro que as bênçãos do Senhor sejam derramadas sobre sua cabeça, e que a graça e a paz do nosso Senhor Jesus Cristo sejam sobre ti. Amém!